SV

Sonderdruck
edition suhrkamp

Es ist nicht lange her, da waren die Verhältnisse zwischen den Generationen eindeutig festgelegt: Die Alten galten als die Hüter der Weisheit, die Jungen mussten durch Militärdienst, Beruf und Familie erst ins soziale Leben eingeübt werden. Der Kapitalismus hat diese Hierarchie durcheinandergebracht. Kaum etwas fürchtet die innovationsgetriebene Wirtschaft so sehr wie das Altern, die Jugend ist hingegen zum Symbol permanenten Fortschritts geworden. Doch der Preis für diese andauernde Erneuerung ist hoch. In den tristen Banlieues wachsen Männer heran, die für immer Jungen bleiben werden, während die Mädchen von klein auf Verantwortung übernehmen müssen.

Alain Badious Versuch, die Jugend zu verderben, ist ein Manifest gegen die kapitalistische Geschichtslosigkeit, ein Plädoyer für ein Leben jenseits des ideenlosen Konsumzwangs und ein Kompass für all jene, die in unserer immerjungen Gesellschaft die Orientierung verloren haben.

Alain Badiou, geboren 1937, ist Philosoph, Mathematiker und Schriftsteller. Er ist Professor em. für Philosophie an der École normale supérieure. Auf Deutsch erschien zuletzt *Philosophie des wahren Glücks*.

Alain Badiou

Versuch, die Jugend zu verderben

Aus dem Französischen von Tobias Haberkorn

Suhrkamp

Die französische Originalausgabe erschien unter dem Titel
La vraie vie 2016 bei Librairie Arthème Fayard (Paris).

Erste Auflage 2016
edition suhrkamp
Sonderdruck
Deutsche Erstausgabe

Druck: Druckhaus Nomos Sinzheim
Umschlag gestaltet nach einem Konzept
von Willy Fleckhaus: Rolf Staudt
Printed in Germany
ISBN 978-3-518-07257-8

Inhalt

1. Jungsein heute: Sinn und Nicht-Sinn *7*

2. Über das gegenwärtige Werden der Söhne *55*

3. Über das gegenwärtige Werden der Töchter *79*

1.

Jungsein heute: Sinn und Nicht-Sinn

Mal ehrlich: Ich bin neunundsiebzig Jahre alt. Was zum Teufel bringt mich dazu, von der Jugend zu sprechen? Und woher dann auch noch der Wunsch, mich direkt an die jungen Leute zu wenden? Sollten vom Jungsein nicht die Jungen selbst sprechen? Trete ich hier als ein weiser alter Mann auf, der die Gefahren des Lebens gemeistert hat und deshalb glaubt, gute Ratschläge erteilen zu können? Der den Jüngeren einschärft, stets auf der Hut zu sein, sich am besten ruhig zu verhalten und die Welt so zu belassen, wie sie ist?

Man wird hoffentlich bald sehen, dass dem nicht so ist. Ich richte mich an die Jugend, weil es mir um die Dinge geht, die das Leben zu bieten hat, um die Gründe, weshalb man diese Welt unbedingt verändern muss, und um die Risiken, die dafür einzugehen sind.

Beginnen möchte ich mit einer Episode aus der Geschichte der Philosophie, die schon etwas länger zurückliegt. Sokrates, der Urvater aller Philosophen, wurde zum Tode verurteilt, weil man ihm vorwarf, er »verderbe die Jugend«. Die erste offizielle Reaktion auf die Philosophie war also ein schwerwiegender Vorwurf. Die Philosophen, so hieß es, korrumpieren die Jugend. Wenn man sich diese Sichtweise zu eigen macht, dann besteht mein Ziel in diesem Essay ganz einfach darin, die Jugend zu korrumpieren.

Aber was soll das heißen, »die Jugend korrumpieren«? Was meinten die Richter damit, als sie Sokrates verurteilten? Um Korruption im Sinne einer finanziellen Vorteilnahme kann es nicht gegangen sein. Sokrates stand nicht im Mittelpunkt eines jener »Skandale«, wie wir sie heute aus den Medien kennen, wenn Politiker oder Geschäftsleute ihre staatliche oder institutionelle Position ausnutzen, um sich persönlich zu bereichern. Das können die Richter Sokrates nicht vorgeworfen haben. Erinnern wir uns daran, dass Sokrates seine Rivalen, die Sophisten, dafür kritisiert hat, dass sie für ihre Dienste Geld nahmen. Er selbst verdarb die Jugend mit seinen revolutionären Lehren sozusagen zum Nulltarif. Die Sophisten hingegen ließen sich für ihre Lektionen in Opportunismus auskömmlich bezahlen. »Die Jugend korrumpieren« im sokratischen Sinn hat also nichts mit Geld zu tun.

Auch um moralisches Verderben kann es sich nicht gehandelt haben und schon gar nicht um jene Affären mehr oder weniger sexueller Natur, die heute ebenfalls die Zeitungen füllen. Bei Sokrates oder genauer bei Platon, der Sokrates' Lehren aufgeschrieben (oder erfunden?) hat, stößt man nämlich auf eine besonders erhabene Auffassung von der Liebe. Eine, die Liebe zwar nicht ohne Sexualität denkt, sie aber zugunsten einer subjektiven Erhebung schrittweise von dieser ablöst. Man kann, ja man soll diese Erhebung zwar durch den Kontakt mit schönen Körpern initiieren, doch beschränkt sich dieser keineswegs auf sexuelle Erregung. Er ist der physische Ausgangspunkt für den Zugang zu dem, was Sokrates die Idee des Schönen genannt hat. Die Liebe erschafft letztlich ein neues Denken, das nicht allein von Sexualität beseelt ist, sondern von einer zugleich vergeistigten und sexualisierten Liebe. Diese Geist-Liebe ist ein Bestandteil der intellektuellen und spirituellen Bildung des Selbst.

Die Korruption der Jugend durch den Philosophen hat also weder mit Geld noch mit Lust zu tun. Geht es vielleicht um eine Korruption durch Macht? Sex, Geld, Macht, das ist doch eine Art Trias, die Trias der Korruption. Dass Sokrates die Jugend verdarb, könnte heißen, dass er die Verführungskraft seiner Rede einsetzte, um Macht zu erlangen: Der Philosoph hätte demnach die jungen Leute instrumentalisiert, um in eine Macht- oder Autoritätsposition zu gelangen. Er hätte sie für seine eigenen Ambitionen missbraucht. So gesehen, bestünde die Korruption der Jugend darin, dass man die Naivität der jungen Leute für das ausnutzt, was Nietzsche den Willen zur Macht genannt hat.

Aber auch hier sage ich: Das Gegenteil ist der Fall! Bei Sokrates, wie Platon ihn darstellt, findet man nämlich eine ausdrückliche Verurteilung des verderblichen Charakters von Macht. Die Macht korrumpiert, nicht der Philosoph. Platons Kritik an der Tyrannei und am Machtstreben ist so heftig, dass man ihr nichts mehr hinzuzufügen braucht. Sie ist sozusagen endgültig. Eher wird man zum gegenteiligen Schluss kommen: Was der Philosoph in die Politik trägt, ist gerade nicht der Wille zur Macht, sondern das Prinzip der Interesselosigkeit. Man gelangt also zu einer Auffassung von der Philosophie, die mit persönlichen Ambitionen, mit Konkurrenz- und Machtdenken überhaupt nichts zu tun hat.

Zu diesem Thema würde ich gerne einen Abschnitt aus Platons *Der Staat* in meiner eigenen, vielleicht etwas sonderbaren Übersetzung zitieren. Auf dem Buchdeckel steht Folgendes: »Alain Badiou« (so lautet der Autorname) und dann »Platons ›Staat‹« (so lautet der Titel). Man weiß also gar nicht, wer das Buch geschrieben hat. Platon? Badiou? Oder gar Sokrates, obwohl von dem behauptet wird, er habe niemals irgendetwas geschrieben? Es ist ein hochmütiger Titel, das gebe ich zu. Im Ergebnis ist aber vielleicht ein Text entstanden, der lebendiger und zugänglicher für junge Leser von heute ist als eine exakte Übersetzung Platons.

In dem Abschnitt, den ich anführen möchte, antwortet Platon auf folgende Frage: In welchem Verhältnis steht die Philosophie zur Macht, speziell zur politischen? In der Passage wird deutlich, welch große Bedeutung Platon im Bereich des Politischen der Interesselosigkeit beimisst.

Sokrates hat zwei Gesprächspartner, zwei junge, um genau zu sein, wir bleiben also beim Thema. In Platons Version sind es zwei junge Männer, Glaukon und Adeimantos. In meiner Version, die natürlich etwas moderner angelegt ist, gibt es einen jungen Mann, Glaukon, und eine junge Frau, Amantha. Wenn man von der Jugend oder zu der Jugend von heute spricht, ist es wohl das Mindeste, dass man Frauen und Männer gleichermaßen einbezieht. Hier also der Dialog:

> Sokrates – Wenn wir für die, die an der Reihe sind, ein Stück der Macht zu sichern, ein Leben finden, das dem, das diese Macht bietet, weit überlegen ist, dann wird es möglich sein, dass eine wahre politische Gemeinschaft existiert. Denn es werden nur die an die Macht kommen, für die der Reichtum nicht das Geld, sondern das ist, was zum Glück – einem wahren Leben voller reicher Gedanken – erforderlich ist. Wenn sich dagegen Leute, die nach persönlichen Vorteilen gieren, Leute, die überzeugt sind, dass die Macht immer die Existenz und die Ausdehnung des Privateigentums begünstig, zu den öffentlichen Angelegenheiten drängen, ist keine

wahre politische Gemeinschaft möglich. Es ist die Macht, um die diese Leute so erbittert kämpfen, und dieser Krieg, in dem sich private Leidenschaften und öffentliche Gewalt vermischen, zerstört mitsamt den Bewerbern um die höchsten Funktionen das ganze Land.

Glaukon – Ein scheußliches Schauspiel!

Sokrates – Aber sage mir, kennst du ein Leben, das imstande wäre, die Verachtung der Macht und des Staats hervorzubringen?

Amantha – Aber sicher! Das Leben des wahren Philosophen, das Leben des Sokrates!

Sokrates – Übertreiben wird nicht! Halten wir für ausgemacht, dass diejenigen nicht an die Macht kommen dürfen, die in sie verliebt sind. In solchem Fall haben wir nur den Krieg der Freier. Darum ist es notwendig, dass sich jene ungeheure Masse von Leuten, die ich ohne Zögern zu Philosophen erkläre, jeweils der Bewachung der politischen Gemeinschaft widmet: von Eigeninteresse freie Leute, die instinktiv davon wissen, was der Dienst an der Allgemeinheit sein kann, die aber nicht vergessen, dass noch andere Ehren existieren als die, die man im Umgang mit den staatlichen Stellen erwirbt, und ein Leben, dass dem der politischen Führer vorzuziehen ist.

Amantha (murmelnd) – Das wahre Leben.

Sokrates – Das wahre Leben. Das niemals oder niemals ganz abwesend ist.

Da haben wir es. Das ist das Thema der Philosophie: das wahre Leben. Was ist ein wahres Leben? Das ist die einzige Frage des Philosophen. Wenn er also die Jugend auf irgendeine Weise verdirbt, dann nicht im Namen des Geldes, der Lust oder der Macht, sondern um ihr zu zeigen, dass es etwas gibt, das über allen diesen Dingen steht: das wahre Leben. Etwas, das der Mühe wert ist und für das es sich wirklich zu leben lohnt, etwas, das Geld, Lust und Macht weit hinter sich lässt.

Der Ausdruck »das wahre Leben« stammt von Rimbaud. Rimbaud ist wahrlich ein Dichter der Jugend gewesen. Jemand, der aus der totalen Erfahrung eines beginnenden Lebens Poesie gemacht hat. In einem Moment der Verzweiflung schrieb er diesen herzzerreißenden Satz: »La vraie vie est absente«, »Das wahre Leben ist abwesend.«

Die Philosophie lehrt uns oder versucht zumindest uns zu lehren, dass das wahre Leben, obwohl es nicht immer anwesend ist, so doch auch niemals ganz abwesend ist. Der Philosoph will uns zeigen, dass das wahre Leben immer auch ein wenig anwesend ist. Er verdirbt die Jugend insofern, als er ihr vermitteln möchte, dass es ein unwahres, vergeudetes Leben gibt, ein Leben, das man so lebt und von dem man so denkt, als bestünde es aus nichts anderem als aus einem gnadenlosen Kampf um Macht und Geld. Ein Leben, das mit allen Mitteln darauf reduziert wird, unsere unmittelbaren Triebe zu befriedigen.

Im Grunde behauptet Sokrates, dem ich bisher einfach gefolgt bin, dass man gegen den Widerstand von

Vorurteilen und tradierten Meinungen, gegen den blinden Gehorsam, gegen die ungerechten Bräuche und den grenzenlosen Wettbewerb darum kämpfen muss, das wahre Leben zu erlangen. Letztlich heißt »die Jugend verderben« nur dieses eine: darauf hinarbeiten, dass die Jugend nicht die vorgegebenen Pfade einschlagen muss, dass sie sich nicht widerstandslos den Vorgaben der Gesellschaft ergeben muss, dass sie etwas Neues erfinden und eine andere Sichtweise auf das entwickeln kann, was sie für das wahre Leben hält.

Ich denke, wir sollten von der Annahme ausgehen, dass die Jugend nach Sokrates zwei innere Feinde hat. Zwei Feinde, die die Jugend vom wahren Leben zu entfernen drohen, so dass sie nicht mehr erkennt, welche Möglichkeiten für ein wahres Leben in ihr selbst liegen.

Den ersten Feind könnte man die Leidenschaft für das unmittelbare Leben nennen. Die Leidenschaft für das Spiel, für den Genuss, für den einen Moment, die eine Melodie, das nächste Abenteuer, den nächsten Joint, das nächste sinnlose Geplänkel. Diese Verlangen gibt es, Sokrates verleugnet sie nicht. Aber wenn sie zusammenwirken und immer wieder auf die Spitze getrieben werden, wenn das tägliche Leben sich nach ihnen ausrichtet und damit zu einem Leben wird, für das die Zukunft unsichtbar oder jedenfalls sehr dunkel ist, dann gerät man in eine Art Nihilismus, in eine Auffassung von der Existenz, die von keinem übergeordneten Sinn zusammengehalten wird. Ein Leben, in dem es keine Bedeutung mehr gibt und das deswegen auch nicht von derselben Dauer wie ein wahrhaftiges Leben sein kann. Was man dann noch »Leben« nennt, ist nichts als eine Abfolge mehr oder weniger guter oder schlechter Augenblicke. Das Einzige, was man sich von einem solchen Leben erhoffen kann, ist, dass es einem so viele annehmbare Momente wie möglich beschert.

Letztendlich erschüttert, ja vertreibt eine solche Auffassung vom Leben die Idee des Lebens selbst. Und deshalb ist eine derartige Lebensanschauung auch eine Anschauung des Todes. Platon macht diesen tiefen Gedanken sehr deutlich: Wenn das Leben ganz der Unmittelbarkeit unterworfen ist, zerstört es sich selbst, denn es verzettelt sich, es erkennt sich selbst nicht wieder und kann sich an keinen beständigen Sinn mehr halten. In der Sprache Freuds und der Psychoanalyse, die Platon in vielen Hinsichten vorweggenommen hat, könnte man sagen, dass diese Auffassung vom Leben genau dann zum Tragen kommt, wenn der Lebenstrieb insgeheim vom Todestrieb beherrscht wird. Ohne dass es einem bewusst wäre, ergreift der Tod das Leben und zerstört es, indem er es von seiner möglichen Bedeutung abtrennt. Genau darin liegt der erste innere Feind der Jugend, denn solche Erfahrungen gehören zum Leben eines jungen Menschen notwendigerweise dazu.

Die Philosophie verfolgt nicht das Ziel, dieses Erlebnis des inneren Todes zu verleugnen, sondern es zu überwinden.

Die zweite innere Bedrohung für die Jugend ist, so hat es den Anschein, das genaue Gegenteil der ersten: die Leidenschaft für den Erfolg, der Wunsch, reich und mächtig zu werden, ein angenehmes Leben zu führen. Man sehnt sich nicht mehr danach, in der Unmittelbarkeit zu verglühen, sondern danach, eine gute Stellung in der gegebenen sozialen Ordnung einzunehmen. Das Leben besteht dann aus einer Reihe von Schachzügen und Tricks, die man anwendet, um in diese komfortable Position zu gelangen. Und wenn es nötig ist, unterwirft man sich der existierenden Ordnung noch mehr als alle anderen, um dieses Ziel zu erreichen. Man wird nicht länger von dem Verlangen nach Lust und unmittelbarer Triebbefriedigung beherrscht, sondern von der Vorstellung des wohldurchdachten und effizient realisierten Projekts. Die exzellente Ausbildung beginnt schon in der Vorschule und wird in sorgsam ausgesuchten Oberschulen fortgesetzt. Am besten besucht man so bekannte Lehranstalten wie das Lycée Henri IV oder das Lycée Louis-le-Grand, wo im Übrigen auch ich meine Classe préparatoire absolviert habe. Auf diesem Weg geht es dann weiter: berühmte Hochschulen, Vorstandsposten, Finanzindustrie, Medienelite, Ministerien,

Wirtschaftsverbände, Start-ups, bei deren Börsengängen Milliarden gemacht werden usw.

Als junger Mensch ist man im Grunde, häufig ohne es zu wissen, mit zwei gegensätzlichen existenziellen Orientierungen konfrontiert. Oft vermischen sie sich und widersprechen einander. Man kann diese beiden Versuchungen vielleicht so zusammenfassen: Einerseits sehnt man sich danach, das eigene Leben zu verbrennen, andererseits danach, es zu konstruieren. Das Leben zu verbrennen heißt, dem nihilistischen Kult der Unmittelbarkeit zu huldigen. Diese Leidenschaft kann man übrigens auch in der Form einer reinen Revolte ausleben, als Ungehorsam, Aufstand und Rebellion, indem man spontane, spektakuläre Formen des kollektiven Erlebens und Handelns schafft, zum Beispiel wenn man über mehrere Wochen einen öffentlichen Platz besetzt. Man sieht und weiß aber, dass diese Dinge keine dauerhafte Wirkung haben werden. Es mangelt ihnen an Konstruktion, an einem organisierten Zugriff auf die Zeit. »No future« lautet die Devise. Wenn man aber stattdessen sein gesamtes Leben auf die Idee einer erfüllten Zukunft ausrichtet, auf den Erfolg, das Geld, den sozialen Rang, auf einen lukrativen Beruf, ein solides Familienleben, den Jahresurlaub im Süden usw., dann resultiert daraus ein konservativer Kult für die bestehende Macht und die bestehenden Verhältnisse, denn in diesen Verhältnissen will man sich einrichten, um für einen selbst das bestmögliche Leben herauszuholen.

Das Jungsein, die Tatsache also, dass man sein Leben noch vor sich hat und ihm eine Richtung geben muss, bringt stets diese zwei Virtualitäten mit sich: verbrennen oder konstruieren. Oder beide zusammen. Aber beides gleichzeitig zu tun ist schwierig. Man müsste ein Feuer konstruieren. Ein Feuer brennt und glüht, glänzt und strahlt, es erwärmt und erhellt die Momente der Existenz. Aber es zerstört mehr, als dass es konstruiert.

Diese zwei Leidenschaften sind auch der Grund, weshalb es so viele gegensätzliche Urteile über die Jugend gibt. Und zwar nicht erst seit heute, sondern seit je. Sie schwanken zwischen der Ansicht, die Jugend sei eine wundervolle, und der, die Jugend sei eine schreckliche Lebensphase.

In der Literatur aller Epochen trifft man auf diese beiden Ansichten. Der Widerstreit zwischen den gegensätzlichen Leidenschaften scheint mir das eigentlich Jugendliche an der Jugend zu sein, das, was das Jungsein zu allen Zeiten ausgemacht hat und noch immer ausmacht: das Verlangen nach einem Leben, das sich in seiner eigenen Intensität verbraucht – und der Wunsch, sich Stein um Stein ein stabiles Haus in guter gesellschaftlicher Lage zu errichten.

Hier nun einige Beispiele für die Urteile, die über die Jugend gefällt worden sind. Beginnen wir mit zwei Versen aus dem berühmten Gedicht »Der schlafende Boas« aus Victor Hugos *Die Legende der Jahrhunderte*: »Wer jung ist, kennt Morgenstunden des Triumphs / Der Tag steigt hervor aus der Nacht wie aus einem Sieg.« Jugend, sagt Hugo, bedeutet Triumph, und spielt zugleich diskret und bestimmt auf den Morgen nach einer Liebesnacht, den Sieg der Wonne, an. Nun aber Paul Nizan und der Anfang seines Romans *Aden*: »Ich war zwanzig. Und niemand soll sagen, das sei die schönste Zeit des Lebens.« Die Jugend mag vieles sein, lässt Nizan uns wissen, der beste Lebensabschnitt ist sie nicht.

Ist die Jugend ein Triumph? Oder ist sie, weil ihr so viele Widersprüche innewohnen und weil man in ihr so leicht die Orientierung verlieren kann, eine Zeit der Unsicherheit und Beschwerlichkeit?

Diesen Widerspruch findet man mit all seiner Kraft bei vielen Schriftstellern und besonders bei den Dichtern. In Arthur Rimbauds Lyrik bildet er das vielleicht wichtigste Motiv. Rimbaud ist deshalb so interessant, weil er, wie ich schon sagte, der große Dichter der Jugend ist. Seine Werke sind Poesie gewordene Jugend. Rimbaud vertritt beide Ansichten, er behauptet beides: dass die Jugend ein wundervolles Antlitz hat und dass die Jugend etwas ist, das man unbedingt hinter sich lassen muss. Betrachten wir zwei gegensätzliche Stellen aus der Sammlung autobiografischer lyrischer Prosa mit dem Titel *Eine Zeit in der Hölle*. Der erste Satz lautet: »Einst, wenn ich mich recht erinnere, war mein Leben ein üppiges Fest, da öffneten sich alle Herzen, da flossen alle Weine.« Das »einst« bezieht sich auf den siebzehnjährigen Rimbaud, auf den der nun zwanzigjährige zurückschaut: ein Leben, das sich in atemberaubender Geschwindigkeit verbraucht. Begonnen hat es im Zeichen des Fests, der Liebe und des Rausches.

Gegen Ende des Textes schreibt Rimbaud im Ton eines Greises, der sich nur mit Mühe an die verblichenen Tage seiner Jugend erinnern kann: »Hatte ich *einst* nicht eine liebenswerte Jugendzeit, heldisch, märchenhaft, auf goldene Blätter zu schreiben – zuviel Glück!« Doch der Rimbaud, der diese stechende Reue ausspricht, dieser gerade zwanzigjährige nostalgische Greis, hat bereits der anderen Leidenschaft nachgegeben, dem Verlangen nach Konstruktion und Vernünftigsein. Deshalb verfasst er die folgenden Zeilen, die wie eine Lossagung von der todesmutigen Macht der Triebe, vom narzisstischen Selbstgefühl, von der permanenten Unsterblichkeit wirken: »Ich! ich, der sich Magier oder Engel genannt hat, losgesagt von jeder Moral, ich bin der Erde zurückgegeben, eine Pflicht zu suchen und die rauhe Wirklichkeit zu umarmen!«

Ganz am Schluss von *Eine Zeit in der Hölle* kehrt dieses Motiv in Form einer Lossagung von der Dichtung überhaupt zurück:

Keine frommen Gesänge mehr: den Vorsprung halten. Harte Nacht! das vertrocknete Blut schwelt auf meinem Gesicht, und ich habe nichts hinter mir als dieses widerwärtige Bäumchen! … Der geistige Kampf ist genauso brutal wie die Menschenschlacht; aber die Vision der Gerechtigkeit ist das Vergnügen Gottes allein.

Jetzt doch ist Zeit zu wachen. Empfangen wir alle Impulse der Lebenskraft und der echten Zärtlichkeit. Und zur Morgenröte, gewappnet mit einer glühenden Geduld, werden wir einziehen in die herrlichen Städte.

Man sieht, am Anfang steht die Leidenschaft für das glühende Leben, für den ungeduldigen Heroismus, für die Poesie und das Fest. Am Ende aber soll es keine frommen Gesänge mehr geben, und das heißt auch: keine Dichtung mehr. Man bekehrt sich zur rauen Notwendigkeit der Pflicht und des sorgsam konstruierten Lebens. Was nun gebraucht wird, Geduld, glühende Geduld sogar, ist das genaue Gegenteil von wilder Jugend. In nur drei Jahren hat Rimbaud das Spektrum der jugendlichen Möglichkeiten durchlaufen: die absolute Herrschaft des Unmittelbaren mit all seinen Genüssen und die strenge, unnachgiebige Herrschaft der pragmatischen, erfolgversprechenden Pflicht. Ein irrender Dichter ist er gewesen, zu einem Schmuggler und Kolonialhändler wird er werden.

Ich komme nun zu einigen Fragen, die ich mir selbst und zugleich euch jungen Leuten stellen möchte: An welchen Maßstäben sollen wir heute den Wert der Jugend messen? Wie sollen wir sie beurteilen, wo wir doch wissen, dass schon so unterschiedliche Urteile über sie gefällt worden sind? Welche Schlussfolgerungen sollen wir aus der Gegenüberstellung der beiden jugendlichen Leidenschaften ziehen? Wohin soll die Waage sich neigen?

Ich denke, es gibt einige positive Dinge, welche die heutige Jugend von allen vorangegangenen Generationen unterscheiden. Aus mehreren Gründen kann man sagen, dass junge Menschen heute über einen größeren Handlungsspielraum verfügen als früher. Das gilt sowohl im Hinblick auf die Möglichkeiten, das eigene Leben zu verbrennen, als auch auf jene, es zu konstruieren. Das allgemeinste Merkmal der Jugend von heute – zumindest in unserem, das heißt dem westlichen Teil der Welt – scheint mir in einem Wort die Freiheit zu sein. Die Jugend von heute ist freier als ihre Vorgänger.

Freier ist sie zunächst einmal deshalb, weil sie sich nicht länger einer strengen Initiation unterziehen muss. Der Jugend werden keine brutalen Rituale mehr auferlegt, um ihren Übergang in ein reifes Alter zu markieren. Jahrhundertelang waren solche Initiationsformen üblich, in der Geschichte der Menschheit haben sie eine sehr wichtige Rolle gespielt. In den Hunderttausenden von Jahren, in denen der Mensch, dieses zweibeinige, federlose Säugetier, nun existiert, hat es jederzeit Initiationsriten gegeben, spezielle, gesellschaftlich organisierte Formen des Übertritts von der Welt der Jugend in die Welt der Erwachsenen. Das konnten Marken sein, die man dem Körper zufügte, furchterregende körperliche oder seelische Prüfungen oder Übungen und Handlungen, die den Jugendlichen verboten, den Erwachsenen aber erlaubt waren. All dies zeigte an, dass »jung sein« eigentlich »noch nicht initiiert sein« bedeutete. Die Jugend wurde restriktiv, durch eine Negation definiert. Jung war man in erster Linie deswegen, weil man noch nicht reif oder noch nicht erwachsen war.

Diese Geisteshaltung und diese symbolischen Bräuche haben bis vor gar nicht so langer Zeit existiert. Gewiss, ich bin ein alter Mann, im Vergleich zum Alter der Menschheit ist meine Lebensdauer aber sehr gering. Ich kann also behaupten, dass meine eigene Jugend in der jüngsten Vergangenheit liegt. In meiner Jugend war es selbstverständlich, dass es eine Initiation für die Männer gab: den Militärdienst. Und ebenso eine für die Frauen: die Hochzeit. Ein junger Mann wurde erwachsen, wenn er seinen Militärdienst absolviert, eine junge Frau, wenn sie geheiratet hatte. Inzwischen sind diese beiden Überbleibsel der Initiation zu einer blassen Erinnerung an die Welt der Großeltern geworden. Man kann also sagen, dass sich die Frage der Initiation für die Jugend von heute nicht mehr stellt.

Ein zweiter für die Jugend wesentlicher Aspekt unserer Zeit liegt meiner Ansicht nach in der unendlich geringeren Wertschätzung, die wir dem Alter entgegenbringen. In traditionellen Gesellschaften waren die Alten stets die Lehrmeister, allein schon wegen ihres Alters kam ihnen eine besondere Wertschätzung zu. Und diese ging natürlich zulasten der Jüngeren. Die Weisheit war auf der Seite derer, die Erfahrung, ein langes Leben und ein hohes Alter vorzuweisen hatten. Heute hat sich die Werthierarchie der Lebensalter in ihr Gegenteil verkehrt. Der größte Wert wird der Jugend beigemessen. »Jugendwahn« nennt man das. Der Kult um die Jugend ist eine Inversion des vormaligen Kults um die Weisheit der Alten. Diese Beobachtung gilt für die theoretische oder ideologische Ebene, denn die Macht ist noch immer in den Händen der Erwachsenen, ja sogar der Alten konzentriert. Aber als Ideologie, als Thema in der Werbung, als Modell prägt die Jugend unsere Gesellschaft. Ganz so, wie Platon es für die demokratischen Gesellschaften vorhergesagt hat: Es sind die Alten, die um jeden Preis jung bleiben wollen. Die Jungen sehnen sich nicht mehr danach, erwachsen zu werden. Anstatt ihre Altersweisheit als ein Zeichen der eigenen Überlegenheit wahrzunehmen, halten sich die Alten krampfhaft an der Jugend fest, und zwar zuallererst an der Jugend ihres eigenen Körpers. Deshalb muss sich heute jeder, der altert, »in Form« halten. Jogging, Tennis, Fitnesstraining und Schönheitschirurgie, jedes Mittel ist recht. Jung soll man sein, jung soll man bleiben. Rentner in Fitnessmontur rennen durch die Wälder und zeichnen dabei ihren Blutdruck auf. Das schafft für jene, die tatsächlich altern und irgendwann sterben müssen – also im Grunde für jede und jeden von uns –, ein gewaltiges Problem, egal wie vorbildlich wir durch die Wälder laufen. Aber das ist ein anderes Thema.

Man sollte vielleicht auch festhalten, dass die Unterschiede zwischen den Jugendlichen mittlerweile, zumindest auf den ersten Blick, geringer geworden sind. Die, sagen wir es ruhig, Klassenunterschiede sind weniger ausgeprägt als früher. Um sich das klarzumachen, genügt ein Blick in die jüngste Vergangenheit. Als ich jung war, machten etwa zehn Prozent eines Jahrgangs Abitur. Heute, wenige Jahrzehnte später, sind es sechzig bis siebzig. In meiner Jugend tat sich zwischen den Abiturienten und den anderen, die oft schon mit elf oder zwölf aus der Schule ausschieden und gar keine höhere Schulbildung genossen, ein riesiger Abgrund auf. Certificat d'études – »Schulzertifikat« – nannte man deren Abschluss, und das passte, denn er zertifizierte lediglich, dass man lesen, schreiben und rechnen konnte, dass man also bereit war, in die Stadt zu ziehen, um zu einem gelernten Arbeiter zu werden. Man wusste damals auch, dass unsere Vorfahren Gallier gewesen waren und dass es nichts Ungewöhnliches war, sein Leben für das Vaterland zu geben, in den Schützengräben des Ersten Weltkriegs etwa oder im Aurès-Gebirge, wo es im Algerienkrieg den *bougnoules*, wie man die Algerier verächtlich nannte, nachzuspüren galt (ich spreche von den Jahren 1954-1962, von der jüngsten Vergangenheit also). Die doppelte Bestimmung, Arbeiter und Soldat zu sein, bildete für neunzig Prozent der Jugendlichen den Horizont der Existenz. Die anderen zehn Prozent, die Elite, konnten ihre Schullaufbahn fortsetzen, meist für sieben weitere Jahre, in denen sie beständig auf der sozialen Leiter nach oben stiegen.

In meiner Jugendzeit gab es im Grunde zwei getrennte Gesellschaften innerhalb der Gesellschaft oder jedenfalls zwei Arten von Jugend. Die Jugend der Gymnasiasten und Studenten fand in einer anderen Welt statt als die der Übrigen, und die erste Gruppe war der zweiten zahlenmäßig massiv unterlegen.

Es kann gut sein, dass solche Klassenunterschiede zwischen den Jugendlichen noch immer existieren, wenn auch in anderen, weniger sichtbaren Formen. Heute kommt es auf die Herkunft an, auf den Wohnort, auf Verhaltensweisen und Gebräuche, auf die Religionszugehörigkeit, auf Unterschiede des Habitus, darauf, wie man sich kleidet, wie und was man konsumiert, welche Vorstellungen man vom unmittelbaren Leben hat usw. Vielleicht sind die Gräben von heute sogar tiefer als die von früher, aber sie sind weniger deutlich markiert, sie werden formal negiert und sind weniger sichtbar. Auch das ist allerdings ein anderes Thema.

Aus dem bisher Gesagten ergibt sich das folgende Bild: Die Jugend von heute ist keiner gesellschaftlichen Initiation mehr unterworfen, die eine Grenze zwischen Jungsein und Erwachsensein vorgibt. Der Übergang zwischen Jugend und Reife gestaltet sich flexibel. In ihren Ritualen und Gewohnheiten – in ihrer »Jugendkultur« – ist die Jugend inzwischen ein wenig homogener als früher. Und schließlich kann man sagen, dass der intellektuelle Kult um die Weisheit der Alten einem materiellen Kult um die ewige Jugend gewichen ist.

Man könnte also zu dem Schluss kommen, dass es gar nicht so schlecht ist, in unserer Zeit ein junger Mensch zu sein, dass das Jungsein früher beschwerlicher und mit größeren Einschränkungen verbunden war. Die positive Eigenschaft der Jugend von heute ist ihre neue Freiheit, könnte man sagen. Glücklich, wer jung, unglücklich, wer alt ist. Der Wind hat sich gedreht.

Aber so einfach ist das alles nicht.

Erstens kann man die Tatsache, dass die Jugendlichen keine Initiation mehr durchlaufen müssen, auf zwei Weisen interpretieren. Ohne Initiation verharren die Jugendlichen in einer Art unendlicher Adoleszenz. Sie erhalten nicht die Möglichkeit, das Problem der widerstreitenden Leidenschaften, von denen ich oben gesprochen habe, anzugehen und zu lösen. Umgekehrt ergibt sich eine Verkindlichung, eine Infantilisierung des Erwachsenseins. Einerseits können junge Menschen ewig jung bleiben, weil es keine Markierung mehr gibt, durch die sie zu Erwachsenen werden. Andererseits ist das Erwachsensein mittlerweile nur noch eine natürlich unvollkommene Verlängerung der Kindheit. Die Verkindlichung der Erwachsenen ist in vielen Hinsichten ein Ausdruck der Macht des Marktes. Das Leben in unserer Welt definiert sich zumindest teilweise dadurch, dass man sich Sachen, im Grunde Spielsachen, kaufen kann, große Spielsachen, die einem gefallen und mit denen man den anderen imponiert. Unablässig fordert uns die gegenwärtige Gesellschaft dazu auf, Dinge zu kaufen, immer noch mehr haben zu wollen. Dass man immer neue Sachen besitzen will, dass man mit immer neuen Spielsachen spielen will (Autos, Markenschuhe, Flachbildschirme, Eigentumswohnungen, goldene Smartphones, Perserteppichimitate), ist aber eigentlich ein Ausweis der Unreife, ein Charakteristikum der Kindheit und Adoleszenz. Wenn sogar die Erwachsenen, und sei es auch nur ein Teil von ihnen, von dieser Wunschstruktur beherrscht werden, dann fällt die symbolische Schranke zwischen Jung- und Erwachsensein, dann stehen beide in einem losen Kontinuum. Erwachsen ist dann einfach nur noch der, der mehr Geld ausgeben und sich größere Spielsachen leisten kann. Der Unterschied zwischen Kindheit und Erwachsenenalter wäre lediglich quantitativ und nicht mehr qualitativ. Wenn sich in der schillernden Warenwelt des globalen Marktes alle gleich verhalten, dann tut sich zwischen der Adoleszenz der Jungen und der allgemeinen und infantilisierenden Unterwerfung der Erwachsenen unter den Imperativ des Kaufens eine Leere auf, in der die Jugend umherirrt. Als es noch Initiationen gab, war die Jugend festgelegt; jetzt irrt sie umher, kennt keine Grenzen und Schranken mehr, ist verschieden vom Erwachsenenalter und doch nicht von ihm zu unterscheiden. Wir sehen eine große Orientierungslosigkeit.

Wie ist der zweite positive Wesenszug der Jugend zu bewerten, die geringere Wertschätzung für die Alten? Sie hat erheblich dazu beigetragen, dass sich eine Angst vor der Jugend breitmacht. Wie ein Schatten begleitet sie die exklusive Wertschätzung, die man der Jugend entgegenbringt. Diese Angst, gerade die vor der armen, unterprivilegierten Jugend, ist für unsere Gesellschaft ganz besonders charakteristisch. Und sie hat kein wirkliches Gegengewicht mehr. Früher gab es diese Angst in dem Sinn, dass die Älteren vor der Herausforderung standen, die Jungen durch ihre Weisheit im Zaum halten, ihnen bestimmte Schranken und Formen der Identifikation auferlegen zu müssen. Die heutige Lage ist viel beunruhigender. Nicht vor der

Jugend als solcher, sondern vor einer umherirrenden, orientierungslosen Jugend hat man Angst. Und zwar, weil man nicht mehr weiß, wer oder was diese Jugend eigentlich ist oder sein könnte. Sie ist zu einem Teil der Erwachsenenwelt geworden und ist doch nicht mit dieser identisch; sie ist ein Anderes, das nicht mehr anders ist. Dass es so viele repressive Gesetze und polizeiliche Praktiken gibt, so viele Untersuchungen, Ermittlungen und Routinen, die ausdrücklich darauf abzielen, die Angst vor der Jugend zu besänftigen, ist ein beklemmendes Symptom unserer Zeit, dessen Bedeutung wir alle und die jungen Leute selbst erkennen müssen. Wir leben in einer Gesellschaft, welche die Jugend zugleich verherrlicht und fürchtet. Daran besteht kein Zweifel. Der Zwiespalt zwischen diesen beiden Haltungen hat zur Folge, dass unsere Gesellschaft ihr Jugendproblem nicht in den Griff bekommt oder, genauer gesagt, dass sie inzwischen einen riesigen Teil der Jugendlichen in den Großstädten als ein schwerwiegendes Problem ansieht. Wenn eine Gesellschaft wie die unsere diesen Menschen keine Jobs mehr bieten kann, dann wird dieses Problem gravierend. Denn eine Arbeit zu haben ist vielleicht der letzte verbliebene Rest von Initiation. Mit der eigenen beruflichen Tätigkeit beginnt das Erwachsenenleben. Doch selbst dieser Übergang in die Arbeitswelt geschieht heute erst sehr spät und wird immer weiter aufgeschoben.

Zurück bleibt eine Jugend der Banlieue, die als eine Klasse der Umherirrenden und Gefährlichen wahrgenommen wird.

Zum dritten Punkt, den geringeren Abständen zwischen den Jugendlichen in Bezug auf ihre Kultur und ihre Bildung, sagte ich bereits, dass es heute neue Unterschiede gibt. Differenzierungen nach Herkunft, Identität, Kleidungsstil, Wohngegend, Religionszugehörigkeit ... In der scheinbar vereinten Jugend haben sich neue Abgründe aufgetan. Früher, bis in die achtziger Jahre und manchmal sogar noch darüber hinaus, gab es zwei Gruppen von Jugendlichen. Sehr früh wurde zwischen denen, die eine höhere Laufbahn einschlugen, und denen, die Arbeiter oder Bauern bleiben sollten, unterschieden. Es existierten zwei verschiedene Welten. Heute scheinen wir in einer einzigen, gemeinsamen Welt zu leben. Doch nach und nach breitet sich in dieser einen Welt die Überzeugung aus, dass manche Unterschiede abgründig, ja unüberwindbar sind. Studentendemonstrationen haben keine Berührungspunkte mehr mit den brutalen Revolten der Jugend in den Vorstädten. Obwohl das Bildungssystem die Spaltung der Jugend formal negiert, wird diese in der Form des Umherirrens und des gegenseitigen Verdachts wiederhergestellt.

Die jahrtausendealte Welt der strengen Kontrolle der Jugend durch die sozialen Gruppen will ich die

»Welt der Tradition« nennen. Eine in Normen, Codes und Symbolen eingebettete Autorität legt einen engen Handlungsspielraum dafür fest, wie junge Männer und vor allem junge Frauen sich zu verhalten haben. Zweifellos zeigen die neuen Freiheiten der Jugend, dass diese Welt der Tradition für uns eine vergangene ist. Dadurch sind neue Probleme entstanden, für die wir oft noch keine Lösungen haben. Sie betreffen die Alten nicht weniger als die Jungen. Die Jungen irren umher und werden als Bedrohung wahrgenommen, die Alten haben ihren Wert verloren und werden in Einrichtungen untergebracht, deren einziger Zweck darin besteht, sie »in Frieden« sterben zu lassen.

Ich hätte einen Vorschlag für eine neue Form des politischen Protests. Wir sollten eine riesige Demonstration organisieren, bei der sich die Jungen und die Alten gegen die Erwachsenen von heute verbünden. Die rebellischsten der unter Dreißigjährigen und die zähesten der über Sechzigjährigen gegen das Establishment der Vierzig- und Fünfzigjährigen. Die Jungen könnten sich darüber beschweren, dass sie zur Orientierungslosigkeit verdammt sind, dass man ihnen jede Abgrenzungsmöglichkeit, jede positive Markierung ihrer Existenz genommen hat. Sie könnten den Erwachsenen sagen, dass es schlecht ist, wenn die Erwachsenen sich für ewig Junggebliebene halten. Die Alten könnten sich über ihre Entwertung empören, über den Verlust der traditionellen Vorstellung von Altersweisheit, darüber, dass man sie abwracken, aus dem Raum der sozialen Sichtbarkeit entfernen und in Sterbeheime verfrachten will. Ein solcher die Lebensalter überbrückender Protest wäre etwas Neues, etwas Wichtiges! Wie viele Vorlesungen und Tagungen habe ich in aller Welt miterleben dürfen, bei denen das Publikum sich zusammensetzte aus einem harten Kern von Altgedienten und Überlebenden, von Veteranen wie mir, welche die großen Schlachten der sechziger und siebziger Jahre geschlagen haben, und aus einer Masse junger Leute, die gekommen waren, um zu hören, ob der alte Philosoph nicht etwas Interessantes zu ihrer Existenz und Orientierung und zur Möglichkeit eines wahren Lebens zu sagen hatte. Überall auf der Welt habe ich Ansätze zu einem solchen Bündnis gesehen. Wie durch einen Bocksprung scheint die Jugend von heute die dominierende Altersklasse, die von den ungefähr Fünfunddreißig- bis zu den Fünfundsechzigjährigen reicht, überspringen zu wollen, um das Bündnis mit einem harten Kern der alten Revoluzzer und Unverdrossenen zu suchen. Die desorientierte Jugend paktiert mit den alten Haudegen der Existenz. Gemeinsam werden wir durchsetzen, dass sich die Wege zu einem wahren Leben wieder öffnen.

Einstweilen, solange wir auf diese neue und glorreiche Bewegung warten, bleibt festzustellen, dass die Jugend von heute an der Schwelle zu einer neuen Welt steht, die mit der jahrtausendealten Welt der Tradition nichts mehr zu tun hat. Etwas Derartiges ist nicht jeder Generation vergönnt. Die Jugend, an die ich mich hier ganz ausdrücklich wende, befindet sich in einer sehr speziellen Situation.

Ihr erlebt einen Moment der Krise, welche die letzten Reste der Tradition zerstören wird. Und noch zeichnet sich kein positives Gegenstück zu dieser Destruktion und Negation ab. Was wir aber wissen, ist, dass sich hinter dieser Krise ganz zweifellos eine neue Art von Freiheit auftut. Diese Freiheit besteht jedoch vor allem aus der Abwesenheit gewisser Verbote. Es handelt sich um eine negative Freiheit, um eine Freiheit zu konsumieren, die auf die Wandelbarkeit der Moden, Meinungen und Produkte angewiesen ist. Für eine neue Vorstellung von dem, was ein wahres Leben sein könnte, gibt sie keinerlei Anhaltspunkte. Vielmehr schafft sie bei den jungen Leuten eine Angst und Orientierungslosigkeit, mit der die Gesellschaft nicht fertigwird, weil sie als Gegenmodell nur das unwahre Leben der Konkurrenz und des Erfolgs zu bieten hat. Worin könnte aber eine schöpferische, affirmative Freiheit bestehen? Auf diese Frage muss die neue Welt eine Antwort finden.

Die Aufgabe, vor der wir alle stehen, lässt sich wie folgt formulieren: Modern sein bedeutet, die Welt der

Tradition hinter sich zu lassen und mit der alten Welt der Kasten, des Adels und der Dynastien, der Zwangsreligionen, der Initiationsriten für die Jugendlichen und der Unterwerfung der Frauen zu brechen. Die Moderne beendet die rigide, institutionalisierte, offizielle und symbolträchtige Spaltung zwischen einer machthabenden Minderheit und der machtlosen Masse all jener, die in bäuerlichen, proletarischen oder nomadischen Verhältnissen ihr mühsames, verachtetes Tagwerk verrichten. Hinter diese unwiderstehliche Dynamik, die im Westen zweifellos seit der Renaissance am Werke ist und die sich mit der Aufklärung im 18. Jahrhundert in unseren Weltanschauungen festgesetzt hat, kann niemand zurück. Materialisiert hat sie sich in der spektakulären Entwicklung der Produktionsmittel, in der unaufhörlichen Perfektionierung der Techniken des Berechnens, des Kommunizierens und der Zirkulation. Seit dem 19. Jahrhundert wird sie von dem politischen Kampf vereinnahmt, der zwischen dem sich globalisierenden Kapitalismus und jener kollektivistischen Idee des Kommunismus tobt, die schon so viele tastende Versuche, krachende Niederlagen und unverdrossene Neuanfänge erlebt hat. Bei dieser politischen Auseinandersetzung geht es letztlich darum, wie und mit welchen Konsequenzen wir die Welt der Tradition hinter uns lassen wollen, um modern zu sein.

Der vielleicht frappierendste Aspekt dieses Ausgangs

aus der traditionellen Welt (oder jedenfalls der für mich an dieser Stelle wichtigste) ist die Krise der Subjektivität, die durch jene Moderne verursacht wurde, die seit knapp drei Jahrhunderten wie ein Wirbelsturm über die Menschheit hinwegfegt und in dieser kurzen Zeit jahrtausendealte Organisationsformen zerstört hat. Heute erkennen wir die Ausmaße und Ursachen dieser Krise. Ihr vielleicht offensichtlichstes Symptom liegt in der immer größeren, immer extremer werdenden Schwierigkeit für junge Leute, einen Platz in der neuen Welt zu finden.

Das, würde ich sagen, ist die eigentliche Krise. Alle sprechen heute von »der Krise«. Einige halten sie für eine Krise des modernen Finanzkapitalismus. Von wegen! Der Kapitalismus ist in der ganzen Welt auf dem Vormarsch, Krisen und Kriege haben schon immer zu seiner ureigenen Entwicklungsweise gehört. Sie sind die entfesselten, notwendigen Mittel, durch die der Konkurrenzkampf entschieden und die Stellung der Sieger gesichert wird. Die Sieger sind jene, die so viel Kapital wie möglich anhäufen und dabei alle anderen ruinieren.

Schauen wir uns an, in was für einer Situation wir uns befinden. Man sollte »immer die Zahlen im Auge behalten«, wie Mao Zedong gesagt hätte. 86 Prozent der verfügbaren Ressourcen sind in den Händen von 10 Prozent der Weltbevölkerung konzentriert. Und

1 Prozent besitzt 46 Prozent der Ressourcen. 50 Prozent der Weltbevölkerung haben genau gar nichts, 0 Prozent. Kaum verwunderlich, dass jene 10 Prozent, die fast alles haben, nicht die geringste Lust verspüren, sich mit den Habenichtsen oder auch nur den Besitzern der übrigen mickrigen 14 Prozent gemeinzumachen. Ein Großteil derjenigen, die sich diese restlichen 14 Prozent teilen, ist hin- und hergerissen zwischen passiver Verbitterung und wilder Entschlossenheit, das, was sie haben, zu verteidigen. Deshalb unterstützen diese Leute – nicht selten auch aus rassistischen oder nationalistischen Motiven – die zahllosen Repressionen und Hindernisse, mit denen die anscheinend so furchtbare »Bedrohung« durch die mittellosen 50 Prozent abgewehrt werden soll.

All das zeigt, wie inhaltsleer der Slogan »Wir sind die 99 Prozent« gewesen ist, mit dem die Occupy-Wall-Street-Bewegung zur allgemeinen Verbrüderung aufgerufen hat. Die vielen jungen Leute, die sich an ihr beteiligt haben und deren gute Absichten man gewiss nur loben kann, kamen wahrscheinlich überwiegend aus »mittleren« Verhältnissen. Sie gehörten nicht zu den Besitzlosen und auch nicht zu den wirklich Reichen, sondern zu jener Mittelschicht, die immer wieder mit dem Argument verherrlicht wird, sie liebe und bewahre die Demokratie. Der wohlhabende Westen ist in Wahrheit voll von Menschen aus dieser »Mitte«, die keineswegs zu den 10 Prozent der Vermögendsten und schon gar nicht zu dem aristokratischen 1 Prozent der Superreichen gehören, die aber trotzdem eine Heidenangst vor jenen 50 Prozent haben, die gar nichts besitzen. Die »Mittelschicht«, die sich mit aller Kraft an die ihr zugeteilten 14 Prozent klammert, ist der kleinbürgerliche Schutztrupp des globalisierten Kapitalismus, ohne den unsere »demokratischen« Oasen gar keine Überlebenschance hätten. Die couragierten jungen Leute von Occupy Wall Street repräsentierten nur die kleine, dem Untergang geweihte Gruppe, der sie mehrheitlich selbst entstammten. Mit den tatsächlichen 99 Prozent hatten sie, auch symbolisch, wenig gemein.

Diese kleine Gruppe kann ihren Untergang nur verhindern, wenn sie sich ernsthaft mit den wirklichen Habenichtsen zusammentut, wenn sie eine politische Diagonale zieht, welche die Besitzer der 14 Prozent – und besonders die Intellektuellen aus dieser Gruppe – mit den unteren 50 Prozent verbindet. Eine solche politische Verbindungslinie kann es geben. In den sechziger und siebziger Jahren ist sie in Frankreich im Zeichen des Maoismus ausprobiert worden und hat wichtige lokale Erfolge erzielt. In den USA verfolgten die Weathermen damals einen ähnlichen Ansatz, wenn auch mit weniger Resonanz. Andere soziale Bewegungen haben vor zwei oder drei Jahren ebenfalls eine solche Einheit angestrebt, nicht an der Wall Street, sondern in Tunis, Kairo und sogar in Oakland, wo zumindest versucht wurde, die Hafenarbeiter aktiv in den Protest einzubinden. Der Erfolg eines derartigen Bündnisses hängt voll und ganz davon ab, ob und wie es auf einer internationalen Ebene politisch organisiert wird.

Solange solche Bewegungen in einem Zustand extremer Schwäche verharren, solange sie das Feld den Formen überlassen, die der globalisierte Kapitalismus hervorbringt, so lange wird der Ausgang aus der Tradition immer nur das eine objektiv feststellbare Ergebnis zeitigen: Eine winzige Oligarchie diktiert der riesigen Mehrheit, die damit beschäftigt ist, ihr nacktes Überleben zu sichern, sowie den verwestlichten, das heißt zum sterilen Vasallentum degradierten Mittelschichten ihr Gesetz.

Welche Konsequenzen hat das auf sozialer und subjektiver Ebene? Schon 1848 hat Marx eine beeindruckende Beschreibung davon geliefert. Sie ist heute aktueller denn je. Ich will diesen alten, unglaublich jung gebliebenen Text in Erinnerung rufen:

> Die Bourgeoisie, wo sie zur Herrschaft gekommen, hat alle feudalen, patriarchalischen, idyllischen Verhältnisse zerstört. Sie hat die buntscheckigen Feudalbande, die den Menschen an seinen natürlichen Vorgesetzten knüpften, unbarmherzig zerrissen und kein anderes Band zwischen Mensch und Mensch übriggelassen als das nackte Interesse, als die gefühllose ›bare Zahlung‹. Sie hat die heiligen Schau-

er der frommen Schwärmerei, der ritterlichen Begeisterung, der spießbürgerlichen Wehmut in dem eiskalten Wasser egoistischer Berechnung ertränkt. Sie hat die persönliche Würde in den Tauschwert aufgelöst und an die Stelle der zahllosen verbrieften und wohlerworbenen Freiheiten die eine gewissenlose Handelsfreiheit gesetzt. Sie hat, mit einem Wort, an die Stelle der mit religiösen und politischen Illusionen verhüllten Ausbeutung die offene, unverschämte, direkte, dürre Ausbeutung gesetzt.

Die Bourgeoisie hat alle bisher ehrwürdigen und mit frommer Scheu betrachteten Tätigkeiten ihres Heiligenscheins entkleidet. Sie hat den Arzt, den Juristen, den Pfaffen, den Poeten, den Mann der Wissenschaft in ihre bezahlten Lohnarbeiter verwandelt.

Die Bourgeoisie hat dem Familienverhältnis seinen rührendsentimentalen Schleier abgerissen und es auf ein reines Geldverhältnis zurückgeführt.

[...]

Alle festen eingerosteten Verhältnisse mit ihrem Gefolge von altehrwürdigen Vorstellungen und Anschauungen werden aufgelöst, alle neugebildeten veralten, ehe sie verknöchern können. Alles Ständische und Stehende verdampft, alles Heilige wird entweiht, und die Menschen sind endlich gezwungen, ihre Lebensstellung, ihre gegenseitigen Beziehungen mit nüchternen Augen anzusehen.

Was Marx hier im Grunde sagt, ist, dass der Ausgang aus der Tradition eine gewaltige Krise der symbolischen Organisation der Menschheit verursacht hat. Über Jahrtausende wurden die Unterschiede, die dem menschlichen Leben inhärent sind, in hierarchischer Form symbolisiert und kodifiziert. Die wichtigsten binären Klassifikationen in den Sprachen, Mythologien, Ideologien und religiös fundierten moralischen Ordnungen – wie jung und alt, Mann und Frau, arm und reich, zur eigenen und zu einer fremden Gruppe gehörig, In- und Ausländer, Häretiker und Gläubiger, Adelige und Bürgerliche, Stadt und Land, Intellektuelle und Arbeiter – gaben zu allen Zeiten eine Ordnungsstruktur und einen Code vor, denen gemäß jeder Einzelne seinen Platz innerhalb der ineinander verschachtelten Hierarchien einzunehmen hatte: Eine adelige Frau war ihrem eigenen Mann untergeordnet, stand aber über einem Mann aus dem Volke; ein reicher Bürgerlicher hatte sich einem Grafen zu beugen, konnte aber darauf bestehen, dass dessen Diener sich vor ihm verneigte; eine Squaw galt gegenüber einem Krieger ihres eigenen Stammes fast nichts, gegenüber einem Stammesfremden, über dessen Folter sie nicht selten bestimmen durfte, aber fast alles; ein bettelarmer Katholik zählte in den Augen seines eigenen Bischofs nicht viel, durfte sich aber im Vergleich zu einem protestantischen Häretiker als Auserwählter fühlen; der Sohn eines freien Mannes schuldete seinem eigenen Vater bedingungslosen Gehorsam, konnte sich aber den Vater einer schwarzen Großfamilie als persönlichen Sklaven halten usw.

Das gesamte symbolische System der Tradition beruhte mithin auf einer Ordnungsstruktur, die Positionen zuwies und Relationen definierte. Der Kapitalismus als allgemeines System der Produktion, des Tausches und der auf den Gegensatz von Arbeit und Kapital oder Lohn und Profit reduzierten sozialen Beziehungen beendet die Welt der Tradition, schlägt anstelle einer aktiven Symbolisierung aber nur die neutrale und asymbolische Herrschaft dessen vor, was Marx in einer großartigen Formulierung das »eiskalte Wasser egoistischer Berechnung« genannt hat, nichts anderes also als das brutale und selbstgenügsame Spiel der Ökonomie. Der Ausgang aus der hierarchischen Welt der Tradition hat kein nichthierarchisches symbolisches System hervorgebracht, sondern nur einen gewaltsamen, realen ökonomischen Zwang, dessen Kalküle und Regeln nach den Vorlieben einer winzigen Anzahl von Menschen gestaltet sind. Daraus resultiert eine historische Krise der symbolischen Ordnung. Die Orientierungslosigkeit, an der die Jugend von heute leidet, ist ihr Symptom.

Nun gibt es zwei Möglichkeiten, wie man dieser Krise, die im neutralen Gewand der Freiheit daherkommt, in Wahrheit aber lediglich das Geld als universellen Bezugspunkt einführt, entgegentreten kann. Beide sind meiner Ansicht nach durch und durch konservativ und ungeeignet, Antworten auf die wirklichen Fragen zu finden, die sich der Menschheit und insbesondere dem jüngeren Teil der Menschheit auf subjektiver Ebene stellen.

Die erste besteht darin, sich ohne Einschränkungen zum Apologeten des Kapitalismus und seiner leeren, angeblich von Neutralität, tatsächlich aber vom Marktgesetz bestimmten »Freiheit« zu machen. Dieser Weg ist im Grunde die Anrufung dessen, was ich als die »Sehnsucht nach dem Westen« bezeichne, die Vorstellung, dass es ein besseres Modell als das liberale, »demokratische«, wie wir es in Frankreich und ähnlichen Ländern haben, nicht gibt oder nicht geben kann. »Der westliche Lebensstil ist nicht verhandelbar«, so hat es noch vor Kurzem Pascal Bruckner recht stumpfsinnig formuliert.

Die zweite Möglichkeit ist der reaktive Wunsch, zum traditionellen, das heißt hierarchischen symbolischen System zurückzukehren. Häufig kommt er im Gewand einer religiösen Erzählung daher, sei es bei evangelikalen Sekten in den USA, reaktiven Islamisten im Nahen Osten oder bei der Rückkehr zu ritualisierten Formen des Judentums in Europa. Er kann sich aber auch in nationalen Hierarchisierungen (»Hoch leben die Abstammungsfranzosen, die *français de souche*!«, »Hoch lebe die großrussische Orthodoxie!«), in blankem Rassismus (kolonialistisch geprägte Islamophobie, wiederkehrender Antisemitismus) und sogar in der Form eines atomistischen Individualismus ausdrücken (»Hoch lebe das Ich, nieder mit den anderen!«).

Diese beiden Optionen führen meiner Ansicht nach in extrem gefährliche Sackgassen. Der Widerspruch zwischen ihnen, der heute in immer blutigerer Form zutage tritt, stürzt die Menschheit in eine endlose Spirale der Gewalt. Hier zeigt sich das ganze Problem der falschen Widersprüche: Sie verhindern das Spiel des wahren Widerspruchs.

Der wahre Widerspruch, an dem wir unser Denken und Handeln ausrichten müssen, besteht zwischen zwei Auffassungen davon, wie wir auf das unabwendbare Ende der hierarchischen symbolischen Tradition antworten sollen: Folgen wir der asymbolischen Vision des westlichen Kapitalismus, die ungeheuerliche Ungleichheiten und ein pathogenes Umherirren hervorbringt, oder den im Allgemeinen als »kommunistisch« bezeichneten Vorstellungen, die seit Marx dazu aufrufen, eine egalitäre symbolische Ordnung zu errichten?

Dieser fundamentale Widerspruch der modernen Welt wird heute, nach dem vorläufigen Scheitern des Staatskommunismus in der Sowjetunion und in China, durch den falschen Widerspruch in Bezug auf den Ausgang aus der Tradition verdeckt, dessen eine Seite die reine, sterile Negativität des Westens bildet, in welcher die alten symbolischen Hierarchien durch reale, von der Neutralität des Geldes verschleierte ersetzt worden sind, und dessen andere Seite aus der faschistoiden Reaktion besteht, die mit spektakulärer, die eigene Ohnmacht kaschierender Gewalt auf die Wiederherstellung der überkommenen Hierarchien drängt.

Dieser unwahre Widerspruch ist umso falscher, als die Profiteure des reaktiven Faschismus keineswegs Mystiker jenes inzwischen toten Gottes sind, der in der alten Welt zugleich Spitze, Garant und Schlüssel der hierarchischen symbolischen Ordnung war. Was sie hochhalten, ist lediglich sein Kadaver. In Wahrheit hegen diese Gottesanhänger dieselben Vorstellungen wie die großen Finanziers im Westen: Beide sind sich darin einig, dass es außerhalb des Raubtierkapitalismus, der den Reichtum in den Händen einiger weniger konzentriert, keine globale Gesellschaftsordnung geben kann. Auf der Ebene der Symbolisierung hat keine dieser Gruppen der Menschheit etwas Neues zu bieten. Uneinig sind sie sich lediglich darüber, in welchem Kräfteverhältnis die gesellschaftlichen Potenziale, die Macht kollektiver Organisation und das »eiskalte Wasser egoistischer Berechnung« zueinander stehen sollen. Unsere westlichen Lehrmeister glauben, für das Voranschreiten der Menschheit mit ihrer Aristokratie der Superreichen und der riesigen Masse der Plebejer sei Letzteres völlig ausreichend. Das Geld soll als immaterielles Symbol genügen. Die Reaktiven aller Lager fordern hingegen die Rückkehr zur alten Moral und zu den von Gott garantieren Hierarchien, sonst drohe ein Chaos, das letztlich zum Zusammenbruch des gesamten Systems führen könne.

Der scheinbar so gewaltsame Konflikt zwischen diesen beiden Lagern dient in erster Linie den jeweiligen Eigeninteressen. Man kontrolliert die Mittel der Kommunikation und zieht alle Aufmerksamkeit auf sich. Dadurch wird der Aufstieg der einzigen globalen Überzeugung, welche die Menschheit noch vor einem Desaster bewahren könnte, blockiert. Dieser Überzeugung zufolge – manchmal nenne ich sie die Idee des Kommunismus – müssen wir, nachdem wir akzeptiert haben, dass der Ausgang aus der Tradition unvermeidlich ist, im Moment dieses Ausgangs selbst eine neue, egalitäre symbolische Ordnung entwerfen, die eine pazifizierte subjektive Grundlage dafür schaffen kann, dass Ressourcen kollektiviert, Ungleichheiten tatsächlich abgebaut und Differenzen bei subjektiver Gleichheit vor dem Recht anerkannt werden, ja, dass am Ende sogar die separaten Staaten absterben.

Wenn ich mich heute an die Jugend wende, die, neben den Alten, am meisten von der Herrschaft des falschen Widerspruchs betroffen ist, dann bildet die Forderung nach einer solchen egalitären symbolischen Ordnung den Hintergrund all meiner Überlegungen.

Ihr jungen Leute seid der doppelten Wirkung des Ausgangs aus der Tradition im Realen und des falschen Widerspruchs im Imaginären ausgesetzt. Außerdem steht ihr, davon bin ich überzeugt, an der Schwelle zu einer neuen Welt, nämlich jener der egalitären symbolischen Ordnung. Eure Aufgabe ist keine leichte. Bis zum heutigen Tag waren alle symbolischen Ordnungen der Gesellschaft hierarchisch. Ihr werdet eure Subjektivität also einer ganz neuartigen Herausforderung widmen müssen: Gegen den Ruin des Symbolischen im eiskalten Wasser des kapitalistischen Kalküls und gegen den reaktiven Faschismus müsst ihr eine ganz neue Art symbolischer Ordnung errichten. Deshalb liegt eure Aufgabe, die schwierigste von allen, darin, auf das zu achten, was heute mit den jungen Menschen geschieht, auf die Entgrenzung der Adoleszenz, auf die Arbeitslosigkeit, auf die Differenzierung nach Herkunft und Überzeugung, auf die existenzielle Orientierungslosigkeit, aber auch auf die neuen Beziehungen zwischen den Geschlechtern und den Generationen, zwischen den Jugendlichen aller Länder der Welt ... Alle diese Dinge gibt es. Und es gibt Anzeichen, dass sich etwas ereignen könnte, womit sich eine symbolisierbare Zukunft konstruieren lässt. Oft sind sie versteckt, kaum sichtbar, aber es ist die Pflicht des Philosophen, nicht nur die evidenten Geschehnisse zu beobachten, sondern auch all das, was ihm in seiner eigenen Erfahrung als singulär, originell und seltsam vorkommt, was ihn mehr auf das Künftige als auf das Seiende verweist.

Nichts ist für uns alle, besonders aber für die Jugend, wichtiger, als auf die Zeichen zu achten, die andeuten, dass etwas anderes geschehen könnte als das, was bereits geschieht. Man kann sie finden, wenn man ganz aufmerksam nach ihnen sucht, wenn man mit großer Disziplin über all das diskutiert, was in der Welt vor sich geht. Aber auch in eurer eigenen gelebten Erfahrung, in dem, was sie besonders und irreduzibel macht, könnt ihr diese Zeichen entdecken. Man könnte es auch so sagen: Es gibt die Dinge, zu denen man fähig ist, über die man verfügt und mit denen man sein Leben konstruiert. Und es gibt die Dinge, von denen man noch gar nicht weiß, dass man zu ihnen fähig ist. Diese Dinge sind für die zukünftige egalitäre Symbolisierung die wichtigsten. Auf sie stößt man, wenn etwas Unvorhergesehenes passiert. Wenn man sich bedingungslos verliebt zum Beispiel. Mit einem Mal ist man zu Dingen fähig, die man vorher für unmöglich hielt. Auch im Bereich des Denkens und bei der Erschaffung neuer Symbole verfügen wir über ungeahnte Fähigkeiten. Diese Einsicht, dass man Dinge tun kann, von denen man nicht geglaubt hat, dass man sie tun kann, kommt einem auch, wenn man an einem Aufstand teilnimmt, um eine neue Vorstellung vom kollektiven Leben zu unterstützen, oder wenn man in sich eine künstlerische Berufung aufsteigen spürt, nachdem man von einem Buch, einem Musikstück oder einem Gemälde ergriffen worden ist, oder wenn man von einem bislang nicht behandelten wissenschaftlichen Problem fasziniert ist. In allen diesen Fällen entdeckt man in sich selbst Fähigkeiten, von denen man bisher nichts gewusst hat.

Vielleicht kann man es so sagen: Es gibt Dinge, die man konstruieren kann, und es gibt Dinge, die einen dazu bringen, über sich selbst hinauszugehen. Es gibt Dinge, die einen den eigenen Platz finden und festigen lassen, aber es gibt eben auch die Fähigkeit, zu reisen und ins Exil zu gehen. Und es gibt beides zusammen. Vielleicht verlässt man seinen gefestigten Platz, um zu einer Irrfahrt aufzubrechen, die keine nihilistische mehr ist, sondern eine orientierte, von einem Kompass geleitete, eine Suche nach dem wahren Leben, nach dem ganz neuen Symbol.

Von diesem letzten Punkt, der mit dem zu Beginn meines Essays angesprochenen Widerspruch zusammenhängt, also jenem zwischen dem Verlangen, sein Leben zu verbrennen, und jenem, sein Leben zu konstruieren, wird die Subjektivität der Jugend, bewusst oder unbewusst, bestimmt. Ich glaube, dass man zwischen diesen beiden Verlangen eine Verbindung herstellen muss. Es gibt das, was ihr Jungen konstruieren wollt, das, wozu ihr fähig seid, aber es gibt auch die

Zeichen, die euch zum Aufbruch auffordern, dazu, über das, was ihr tun und konstruieren könnt, hinauszugehen und den Platz, an dem ihr euch eingerichtet habt, zu verlassen. Die Macht des Aufbruchs. Konstruieren und Aufbrechen. Zwischen beiden herrscht kein Widerspruch. Seid bereit, das Konstruierte aufzugeben, weil etwas anderes euch den Weg zum wahren Leben weist. Dieses wahre Leben von heute liegt jenseits der marktbestimmten Neutralität und jenseits der alten hierarchischen Welt.

Das letzte Wort zu diesen Dingen will ich einem Dichter überlassen, denn Dichter wissen, wie man eine neue Sprache für Fragen des Aufbruchs, der Entwurzelung, der Losgerissenheit vom Selbst, der neu zu entwickelnden Symbole findet. In diesem Sinne ist die Poesie so etwas wie in der Sprache festgehaltene ewige Jugend. Ich möchte das letzte Stück eines Gedichts von Saint-John Perse zitieren, einem Poeten aus dem vergangenen Jahrhundert. Das Gedicht heißt »Anabase«. Das griechische Wort *anabasis* bedeutet »Aufstieg« oder »Hinaufsteigen«, es bezeichnet eine suchende Rückkehr oder einen suchenden Wiederaufstieg, einen schwierigen Gang. In diesem Sinn ist *anabasis* eine Metapher für die Jugend. Es ist aber auch der Titel mehrerer aus der griechischen Antike überlieferter Werke. Eines dieser Bücher erzählt von den Söldnern, die im persischen Bürgerkrieg kämpften. Sein Autor ist Xenophon, der diese Männer eine Zeitlang befehligte. Schon damals gab es Söldnerheere, so wie heute, wo man sie in allen Kriegen auf dem afrikanischen Kontinent und im Nahen Osten, aber auch in Mitteleuropa findet. Söldnern ist die politische Dimension des Krieges gleichgültig. Ihre blutige Arbeit verrichten sie allein deshalb, weil sie dafür bezahlt werden. Nach der Darstellung Xenophons wird der persische Auftraggeber der griechischen Söldner in einer großen Schlacht getötet, woraufhin die persischen Soldaten die Waffen strecken. Die griechischen Söldner stehen also nun allein in Persien (in der heutigen Türkei). Sie wollen unbedingt zurück nach Hause, in den Norden. Zwar haben sie sich heillos verirrt, aber sie müssen aufbrechen. Das ist der Grundgedanke, um den es mir hier geht: Man ist verlassen worden und hat die Orientierung verloren, und dennoch glaubt man, aufbrechen zu können zu dem, was man wirklich zu sein vermag und sein möchte, was man eigentlich und wahrhaftig ist. Jugend von heute: Subjekte wie ihr verwirklichen sich in der Konstruktion eines soliden Hauses niemals ganz. Sie müssen sich ebenfalls darauf verstehen, zu sich selbst aufzubrechen. Das alte Haus ist bloß Tradition, erst die überstandene Irrfahrt verschafft ihm ein neues Fundament. Erst dann werdet ihr eine neue Symbolik für euren Platz in der Welt haben. Das wahre Haus ist jenes, das man wiederfindet, wenn einen das Abenteuer des

Denkens und des Handelns von ihm fortgetragen und man es beinahe vergessen hat. Bleibt man auf ewig in seinem eigenen Haus, dann ist dieses nicht mehr als ein selbstgebautes Gefängnis. Geschieht etwas Wichtiges im Leben, dann liegt darin immer ein Aufbrechen, ein Losgerissenwerden in Richtung dessen, was für einen selbst das wahre Leben ist. In der Anabasis steckt die Idee, dass man, auch wenn man sich verloren glaubt, noch an sich selbst orientieren, dass man aus der Verirrung zu seinem wahren Selbst aufbrechen kann, dass man sich, zusammen mit der gesamten Menschheit, auf den Weg zu einer egalitären Symbolisierung machen kann.

In Xenophons *Anabasis* gibt es eine wundervolle Szene. Die Söldner sind Griechen, und das heißt auch: Seeleute. Auf ihrem Marsch nach Norden gelangen sie ans Meer. Sie haben sich wieder aufgerichtet, sind einen Hügel hinaufgestiegen, und nun sind sie dort oben, von wo aus sie das Meer sehen. Sie rufen: »Thalassa! Thalassa!« – »Das Meer! Das Meer!« Damit bringen sie aufs Neue ihr angestammtes Wesen zu einem symbolischen Ausdruck, die Tatsache, dass sie eigentlich Seeleute sind. Eine Anabasis zum Ozean der Welt. Auch das ist die Jugend, das soll sie sein.

Heute hat die Jugend neue Freiheiten und Möglichkeiten. Sie hat die Ketten der Tradition abgeworfen. Doch was tun mit dieser Freiheit? Was tun mit den neuen Möglichkeiten, sich zu verlieren? Ihr müsst das entdecken, wozu ihr im Hinblick auf ein wahres, intensives und schöpferisches Leben fähig seid, ihr müsst hinaufsteigen zu euren eigenen Fähigkeiten. Dort oben werdet ihr bereit sein für die neue egalitäre symbolische Ordnung. Das ist der Zusammenhang zwischen der Konstruktion und ihrer Negation. Für die griechischen Söldner besteht er darin, dass sie entdeckt haben, was Bauern, Soldaten und Seefahrern gemeinsam ist. Ihr Ausruf bezeichnet etwas, das sie bei ihrem Abenteuer im Landesinneren, zu dem das Leben sie fortgetragen hat, verloren hatten und das ihnen nun nicht als bloße Rückkehr oder Wiederholung, sondern in Form einer neuen und intensivierten Bedeutung begegnet: »Thalassa! Das Meer!« Das Meer ist zu einem Symbol geworden, und zwar nicht für die alten Zustände, sondern für eine neue, gemeinsame und bisher unbekannte Erfahrung.

Nun aber zu dem Gedicht »Anabase« von Saint-John Perse. Es endet wie folgt:

> Aber über den Unternehmungen der Menschen auf der Erde viele Zeichen auf Reisen, viele Samen auf Reisen, und unter den Mazzoth des schönen Wetters, in einem tiefen Hauch aus der Erde, alle die Daunen der Ernten! ...
> Bis zur Stunde des Abends, wo der weibliche Stern, das reine Ding, das am hohen Himmel besoldet ist ...
> Pflügbare Erde des Traumes! Wer spricht von bauen? Ich

sah die Erde in Weiten gestrahnt und mein Gedanke ist nicht zerstreut vom Seefahrer.

Jungsein heute, was ist das also? Eine Chance? Eine Last? Die Welt wird sich verändern müssen, um ihrer neuen Jugend in einer restlos von der Tradition befreiten Welt einen Platz zu bieten. Für all die jungen Leute, die schon jetzt ein neues Denken erfinden und weiter erfinden werden, die neuen Möglichkeiten der Symbolisierung, auf welche die Welt angewiesen sein wird, entwerfen, für all diese jungen Leute wird die neue Erde eine »pflügbare Erde des Traumes« sein. Bauen muss man, daran besteht kein Zweifel, man muss ein Fundament legen. Aber die Welt ist weit, und diese Weite muss das Denken empfangen, auf diese Weite muss es einwirken. Ich kann euch allen nur wünschen, dass für euch nicht der feste Platz im Vordergrund stehen wird, nicht die Karriere, sondern das wahre Denken, dem es gelingt, die Schwester des Traums zu sein. Ein Denken des Aufbruchs, ein wahres Denken des wogenden Ozeans der Welt. Ein exaktes und nomadisches Denken, ein Denken, das exakt ist, weil es nomadisch ist, ein maritimes Denken. Damit alle von sich sagen können: »Ich sah die Erde in Weiten gestrahnt und mein Gedanke ist nicht zerstreut vom Seefahrer.«

2.

Über das gegenwärtige Werden der Söhne

Was hat die Philosophie der Jugend mitzuteilen? Für Platon war das die mit Abstand wichtigste aller philosophischen Fragen.

Im vorangegangenen Abschnitt habe ich eine ausführliche Antwort auf diese Frage gegeben, ohne dabei jedoch auf den Aspekt der Differenz zwischen den Geschlechtern einzugehen, der in Wahrheit ein ganz entscheidender ist. Nun will ich das gegenwärtige Werden der männlichen Jugend behandeln. Danach bleibt mir noch, von der weiblichen Jugend zu sprechen. Das werde ich im dritten und letzten Abschnitt tun.

Das Folgende widme ich meinen Söhnen Simon, André und Olivier. Alle drei haben mich, manchmal auch auf eine etwas raue Art, gelehrt, was es heißt, ein Sohn zu sein, sowohl für diesen selbst als auch für seine Eltern.

Beginnen möchte ich mit einem begrifflichen Mythos, den Sigmund Freud in seinen Werken *Totem und Tabu* und *Der Mann Moses und die monotheistische Religion* konstruiert. Im Stile einer großen Erzählung, ein wenig à la Hegel, beschreibt Freud einen Gründungsmythos in drei Teilen. Zunächst die Geschichte der Urhorde, in welcher der lüsterne Vater die Frauen an sich reißt. Das Aufbegehren der Söhne mündet in den Vatermord, der zugleich einen brüderlichen Pakt begründet. Die Brüder versprechen einander, die Stammesgeschicke fortan so egalitär wie möglich zu führen. Die zweite Geschichte handelt von der Sublimierung des toten Vaters zum durch den einen Gott verkörperten Gesetz. Der Vater kehrt in der Gestalt des strengen Richters und Beschützers zurück, allerdings als symbolischer Vater, nicht als realer, denn dieser ist ermordet worden. Im dritten Teil, in der Geschichte des Christentums, hat der Sohn schließlich Anteil am Ruhm des Vaters, allerdings muss er dafür eine gewaltsame Initiation durchlaufen: Der Sohn Gottes wird in das eingeführt, was die Menschen einander an Qualen und Tod zumuten.

Ich möchte hier drei Hinsichten nennen, in denen diese Geschichte, aus der sozusagen die Struktur selbst spricht, für uns heute noch von Bedeutung sein kann. Zunächst zum Vater. Im ersten Teil der Geschichte begegnet uns ein realer, lüsterner Vater, der sein Lustmonopol unter keinen Umständen preisgeben will. Aufseiten der Söhne erkennen wir das Handlungsprinzip einer Aggressivität, die letztlich nur durch einen Mord zu stillen ist. Im zweiten Teil haben wir es mit einem symbolischen Vater zu tun. Der reale dient ihm zwar als Vorlage, aber er kehrt am Ort des Anderen zurück, wie Lacan gesagt hätte. Der Sohn wiederum erscheint in völlig entgegengesetztem Licht. Nicht Aggressivität gegen den realen Vater bestimmt sein Handeln, sondern grenzenlose Unterwerfung, die Hingabe an den großen Anderen. Im dritten Teil, jenem über das Christentum, tritt dann ein Vater auf, den man als einen imaginären bezeichnen könnte. Er hat sich in den Hintergrund zurückgezogen und bildet die Kulisse für die Handlungen des Sohnes. Er ist zugleich Vater und Dreifaltigkeit und wird zur fiktiven Totalität der drei Instanzen. Doch diese drei Instanzen sind weder im Realen noch im Symbolischen totalisierbar. Der Vater gleicht folglich einem Schein. So weit die wesentlichen Avatare des Vaters nach Freud.

Für uns ist aber der Sohn von Interesse. Das Werden des Sohnes nach Freud ist eine dialektische Konstruktion, in Wahrheit sogar das Urbild der klassischen dialektischen Konstruktionen schlechthin. Um sich vollständig mit dem Vater zu versöhnen – um also eine substanzielle Einheit mit ihm zu bilden oder auf dem Stuhl »zu seiner Rechten« Platz zu nehmen usw. –, muss der Sohn drei Stufen durchlaufen: das unvermittelte, gewalttätige Stadium der Aggressivität, das symbolische Stadium der Unterwerfung unter das Gesetz und das finale Stadium der geteilten Liebe. Die Liebe hebt durch die Vermittlung des Gesetzes den Mord auf. In dieser Entwicklung liegt die Bestimmung des Sohnes. Konkrete Revolte, abstrakte Unterwerfung, universelle Liebe.

Hier gilt es, sich die Rolle der Initiation innerhalb dieses dialektischen Werdens zu vergegenwärtigen. Der Sohn wird erst in die höhere Ordnung der Versöhnung aufgenommen, nachdem er eine den Körper zeichnende Initiation durchlaufen hat – eine, die ihn mit den Qualen und dem Tod bekannt macht und, deren überreiches ikonisches Nachleben uns allen bekannt ist. Der gequälte Körper des Sohnes versinnbildlicht auf radikale Weise die Initiation des unendlichen Gottes in die Schrecken der Endlichkeit. Auch als der Sohn durch eine Bewegung, die treffenderweise *ascensio*, also »Hinauf-« oder »Himmelfahrt«, genannt wird, zum Vater zurückkehrt, bleiben die Zeichen der inauguralen Gewalt in seinem Körper bestehen.

Das ist eine kohärente Konstruktion, die übrigens auch optimistische und sogar atheistische Philosophen zufriedenstellen kann, schließlich enthält sie die Vorstellung einer schrittweisen Entwicklung und eines versöhnlichen Werdens der Menschheit. Allerdings ist diese Konstruktion mittlerweile problematisch, denn ihre beiden Pole, Vater und Sohn, sind ins Wanken geraten. Auf der Vaterseite erodiert sie, weil es, zumal aus der Perspektive des Sohnes, sehr schwierig geworden ist, eine Vaterfigur zu denken, sei sie real oder symbolisch. Was mir heute wirklich große Sorgen bereitet, ist der Vater aus Sicht des Sohnes. Oben habe ich angedeutet, dass der Vater eine problematische Figur ist, sowohl als lüsterner Vater als auch als Vater des Gesetzes. Im Bereich der Lust hat sich die Situation inzwischen in ihr Gegenteil verkehrt. Heute neidet der Vater dem Sohn die Gelüste und nicht andersherum. Um die Jugend und den jugendlichen Körper ist ein Kult entstanden, der die Jugend nicht nur als Objekt, sondern auch und vor allem als Subjekt verehrt. Lange Zeit hat man den Vater als einen Greis dargestellt, oft auch als einen Lustgreis. Es dürfte offensichtlich sein, dass diese Figur in unserer Gesellschaft mit ihren Vorgaben in den Bereichen der Lust und des Genusses praktisch verschwunden ist. Einer der Wesenszüge dieser Gesellschaft ist, dass sie das Alter so unsichtbar wie möglich machen will. Den realen Vater drängt man mehr und mehr in die soziale Unsichtbarkeit. Und auch der symbolische Vater hat Schwierigkeiten, dem Blick des Sohnes standzuhalten. Das herrschende, für alle offenbare Gesetz wird nicht mehr vom Vater bestimmt. Statt seiner gilt das Gesetz des Marktes, ein anonymes, alles und jeden gleichmachendes, von der Figur des symbolischen Vaters gänzlich entkoppeltes Gesetz. Die Repression, die von diesem Gesetz auf die Söhne ausgeht, ist asymbolisch. Dieses Marktgesetz lässt sich nicht länger als das Gesetz eines Vaters darstellen, dem Gerechtigkeit widerfährt. Die soziale Unterdrückung der Söhne ist anarchisch, sie ist inexistent und exzessiv zugleich. Der Macht des Symbolischen entzieht sie sich völlig.

Heißt das, dass es den Vater heute nur noch als einen imaginären gibt? Dann hätten wir den Triumph von etwas, das man ein Christentum ohne Gott nennen könnte. Ein Christentum zwar – denn der Held des Abenteuers, das in der marktförmigen Moderne nur noch aus Mode, Konsum und Repräsentation, das heißt aus genuin jugendlichen Attributen, besteht, ist ein Sohn –, aber eines ohne Gott, denn eine veritable symbolische Ordnung kann man in ihm nicht mehr erkennen. Die Söhne mögen herrschen, aber sie herrschen nur noch über den Schein.

Schon durch die Betrachtung der Väter kann man erkennen, in welche Schwierigkeiten die Söhne bei dem Versuch geraten müssen, eine bestimmte, nichtzufällige Identität zu finden. Die Identität des Sohnes ist unsicher geworden, weil die ihr zugrunde liegende Dialektik nicht länger funktioniert. Und zwar nicht etwa deshalb, weil es die Figuren, die für sie konstitutiv sind, nicht mehr gäbe. Vielmehr löst sich der

Zusammenhang, in dem diese Figuren stehen, allmählichen auf.

Versuchen wir uns zunächst an einer beschreibenden Untersuchung. Eine Grundstruktur der Söhne, insbesondere bei den Jugendlichen aus den unteren Gesellschaftsschichten, ist die Bande, die berühmt-berüchtigte »Gang«. Eine Gang ist im Grunde der Wiedergänger dessen, was Freud als Urhorde bezeichnet hat, und als solche ist sie für die Gesellschaft eine Plage. Das eigentliche Problem besteht darin, dass wir es heute mit vaterlosen Horden zu tun haben, denen die Möglichkeit zum rettenden Mord, auf den sich ein authentischer Brüderpakt gründen lässt, nicht mehr offensteht. Die Gang bezieht ihren Zusammenhalt nicht länger aus einem durch die Aggression gegen den Vater besiegelten Pakt, sondern aus einer mimetischen Absonderung. Die Gang steht außerhalb, sie folgt ihren eigenen Normen. Aber diese Absonderung ist zugleich eine Identität und eine Ähnlichkeit, denn der Zweck einer Gang ist die Zirkulation der Marktobjekte im unablässigen Tauschen, Kaufen und letztlich auch Schmuggeln. Die Gang hat ihr eigenes Territorium, aber dabei handelt es sich stets nur um ein symmetrisches Territorium, das niemals mehr ist als das Spiegelbild eines anderen, umkämpften Territoriums. Im Grunde ist das Einzige, was die Gang hervorbringt, ein immobiler Nomadismus. Sie hat die Aggressivität der Urhorde. Diese Aggressivität folgt jedoch keiner Orchestrierung mehr, sie ist außerstande, sich zu einem Gründungsakt zu bündeln. Wenn Aggressivität nichts mehr begründen kann, dann ist sie zur bloßen Wiederholung verdammt und wird letztlich vom Todestrieb gesteuert. So viel zur Aggression, der ersten Stufe in der Dialektik des Werdens der Söhne.

Was ist zur zweiten zu sagen, zur Unterwerfung unter das Gesetz? Natürlich steht auch die jugendliche Gang in einem Verhältnis zum Gesetz, aber dieses Verhältnis ist gespalten. Auf der einen Seite wird es von einem Imperativ der Repräsentation beherrscht, der die Rituale, die Kleidung, die Sprechweisen und Gesten regelt. Er löst das Gesetz in der Mimesis des Scheins auf. Auf der anderen Seite unterliegt es dem Imperativ der Trägheit: Was zählt, ist nicht die transformierende Kraft der Tat, sondern die Trägheit der Verstetigung. Man macht immer weiter und bleibt in seiner bestimmungslosen Passivität gefangen. Der Handlungsimperativ der Söhne, der einst zu einem brüderlichen Pakt und zum Gesetz führte, mündet heute nur noch in die Zirkulation auf dem Markt und in die Verwaltung der Unbeweglichkeit.

Die dritte Stufe in der dialektischen Entwicklung des Sohnes ist die Initiation. Früher bestand sie darin, aus dem Gesetz herauszutreten. Heute ist sie zu einer Figur der Immanenz geworden. Initiationen ermöglichen heute keinen Übertritt in ein Anderes mehr. Vielmehr sind sie zu Riten geworden, die den Eintritt des Sohnes in die Stagnation besiegeln, zu Praktiken kollektiver Trägheitsakzeptanz. Im Gegensatz zu früheren Initiationsformen, die den Übergang ins Erwachsenenalter markierten, propagieren die heutigen den Mythos der ewigen Adoleszenz.

Eine Versöhnung zwischen Sohn und Erwachsenem, zwischen Söhnen und Eltern sowie zwischen Sohn und Vater lässt sich nur noch mittels einer Infantilisierung der Erwachsenen herstellen. Die Versöhnung scheint noch immer machbar, aber ihre Struktur ist auf den Kopf gestellt. In der urchristlichen Mythologie geschieht sie durch die Himmelfahrt des Sohnes. Heute haben wir nur noch verschiedene empirische Prozeduren, um den Vater vom Himmel herabzuholen.

Aus diesen Gründen kann man sagen, dass das dialektische Schema der Freud'schen Erzählung zerlegt worden ist. Folglich gibt es auch keine klare Vorstellung mehr davon, wie ein Sohn seine Identität finden soll. Deshalb können wir sagen, dass die Identität des Sohnes in der Welt von heute einen zufälligen Charakter hat.

Diese Zufälligkeit ist allerdings kein wundersames oder unerklärliches Ereignis, sondern gehorcht einer bestimmten Rationalität. Sie ist in unser gesellschaftliches Schema des Rationalwerdens eingeschrieben, sie ist das Resultat einer mehr und mehr universell werdenden Dressur, die das Individuum darauf abrichten soll, sich nur noch in Bezug auf die glitzernde Warenwelt des Marktes zu verhalten. Dafür zu sorgen, dass wirkliche Individualität von der Zirkulation der Objekte abhängt – das ist der wichtigste gesellschaftliche Imperativ unserer Zeit. Die Subjektivierung dieser Individualität soll so geartet sein, dass sie uns motiviert, in ein kommerzielles Verhältnis zu den Objekten zu treten und eine Macht zu besitzen (sei diese nun groß oder klein), diese zirkulieren zu lassen. Deshalb wird den Individuen zunehmend verboten, zu den Subjekten zu werden, die sie sein könnten. In diesem Prozess ist der Sohn von zentraler Bedeutung, denn wie gesehen erfüllt die Adoleszenz für das Funktionieren des Marktes eine wichtige Funktion. Die Adoleszenz ist die organische Dressur im Dienste der Konkurrenz auf dem Markt; sie ist die Initiation in den Markt selbst. Folgsame, prekäre Subjekte (und ein solches ist man in der Adoleszenz) sollen zu Subjekten werden, die sich ganz der Zirkulation und der zwecklosen Kommunikation der Zeichen und Bilder unterwerfen. Meine Vermutung ist, dass diese Initiation ohne Initiation den Söhnen drei Perspektiven lässt. Ich will sie die Perspektiven des pervertierten, des geopferten und des verdienenden Körpers nennen.

Der pervertierte Körper trägt das Stigma des Endes

der vormaligen Dialektik. Er kann nicht anders, als sich in einer asymbolischen, end- und zwecklosen Initiation zu ergehen, die den Verlust der alten Dialektik auf den Körper projiziert. Der Körper wird durchbohrt und verroht, er wird tätowiert, mit Drogen und aggressiven Klängen bearbeitet. Man will ihn zu einem asubjektiven Körper machen, ihn als unsubjektivierbar ansehen. Ein zur Schau gestellter, gezeichneter Körper soll er werden, der die Zeichen der unmöglich gewordenen Identität in sich und auf sich trägt. Auf den ersten Blick ähnelt dies der Initiation, wie sie in traditionellen Gesellschaften praktiziert wird. Aber die Funktion der Initiation dieses Körpers ist eine radikal andere. Sie markiert nicht den Übergang des Jünglings zum Krieger oder des Mädchens zur fruchtbaren Frau, sondern den Eintritt in den Stillstand endloser Adoleszenz. Die von diesem Übergang eröffnete Sexualität will ich pornografisch nennen. Das ist deskriptiv und ohne jedes moralische Vorurteil gemeint. Unter »Pornografie« verstehe ich eine asubjektive Sexualität. Sie speist sich aus der Ordnung der Markierung eines Körpers, der in einer repetitiven Trägheit gefangen ist. Gruppenvergewaltigungen sind eine Form dieser Pornografie, genau wie die offensichtliche sexuelle Misere, die erzwungene Abstinenz angesichts der Flut von Bildern. Gemeinsam ist diesen Formen, dass aus ihnen jede Idee gewichen ist. Wir sehen in ihnen die trostlose

Konstruktion eines Körpers ohne Idee. Diesen Körper will ich den pervertierten nennen. Pervertiert ist er nicht etwa aufgrund irgendwelcher »Perversionen«, sondern weil der Körper seiner gewöhnlichen Funktion beraubt worden ist, Träger eines Subjekts zu sein.

Das entgegengesetzte Extrem ist der geopferte Körper. Voller Verzweiflung hat er die Rückkehr zur Tradition auf sich genommen. Er beruft sich auf das alte, tödliche Gesetz, welches der neue Körper tragen soll und muss. Vom pervertierten Körper will der geopferte sich um jeden Preis und auch mithilfe von Reinheitsritualen abgrenzen, was eine extreme Form der sexuellen Restriktion nach sich zieht. Die Absolutheit des Gesetzes muss bis zum Selbstopfer verteidigt werden. Dies ist die subjektive Figur des Sohnes als Terrorist. Der Zweck dieses Körpers wird durch den Schrecken vor dem pervertierten Körper bestimmt, der als Bruderopfer dargeboten wird, um so die Absolutheit des Vaters zu ermöglichen. Ihm geht es um eine erbarmungslose Rückkehr zum alten Gesetz, und zwar in seiner starrsten nur vorstellbaren Form. Zum Subjekt wird dieser Körper durch sein Märtyrertum.

Diese beiden Optionen sind zwei extreme, aber reale Haltungen. Es gibt eine Zwischenposition: Man akzeptiert die mittlere Dressur und macht sich selbst zum qualifizierten Objekt der universellen Zirkulation. Man macht, mit anderen Worten, »Karriere«, oder, wie Sarkozy sagen würde, man »erwirbt sich Meriten«. Auf eine kalkulierte, die bestmögliche Anpassung suchende Weise stellt der Körper sich selbst dem ihm äußerlichen Marktgesetz zur Verfügung, er macht sich selbst zu einem Gegenstand jener organisierten Zirkulation, die nunmehr als das einzig akzeptable Gesetz angesehen wird, als das Gesetz der »allgemeinen Äquivalentform«, wie Marx es schon vor langer Zeit genannt hat. Der verdienende Körper bietet sich zum bestmöglichen Preis auf dem Markt feil. Dafür muss er vor allen Gefahren, die von den beiden anderen Körpern ausgehen, geschützt, ja, er muss verbarrikadiert werden. Dies ist im Grundsatz die Aufgabe der Polizei.

Eine Nebenbemerkung zu den Aufständen in den Vororten französischer Großstädte 2005 und in Griechenland 2008. In beiden Fällen standen die »Söhne und Töchter des Volkes«, wie man zu Zeiten der kommunistischen Parteien noch gesagt hätte, im Mittelpunkt. Ich will nur zu bedenken geben, dass man sich gewaltig irrt, wenn man glaubt, es handele sich hierbei um ein im Wesentlichen soziales Problem (zumindest wenn man unter »sozial« etwas versteht, das sich auf ökonomische Zusammenhänge beschränkt), oder, schlimmer noch, wenn man glaubt, solche Probleme allein damit beheben zu können, dass man mehr Geld in die Universitäten oder in die vermeintlichen »Banlieues« pumpt. Wir haben es mit einem symbolischen

Problem der gegenwärtigen Gesellschaft zu tun, dessen Ausgangspunkt in etwas liegt, das man eine politische Klinik nennen könnte. Das Problem besteht darin, dass niemand weiß, wie man mit den Söhnen umgehen soll, die zu der mittleren Dressur des verdienenden Körpers, zu diesem vermeintlichen Königsweg, der aber eigentlich wertlos ist, nicht mehr zugelassen werden. Wir alle wissen, dass der nichtverdienende Körper ein Feind des verdienenden ist. Um jeden Preis muss der eine von dem anderen segregiert werden. Daraus folgen die schulische und berufliche Apartheid sowie die grundsätzliche Problematik der Polizei, die dazu eingespannt wird, die ungleichen Körper voneinander zu separieren.

Die Polizei steht in einem durchaus speziellen Verhältnis zu den Jugendlichen, vor allem zu jenen des arbeitenden Volkes, die häufig von Einwanderern abstammen und die sich mit dem verdienenden Körper nicht identifizieren können oder wollen. Diese Jugendlichen sagen: »Ständig haben wir die Polizei auf dem Hals«, und begründen damit ihre Revolte. Wir haben es hier mit einem strukturellen Problem zu tun, denn der verdienende Körper lässt sich nur von den anderen getrennt halten, wenn man Mauern errichtet, die mit Gewalt verteidigt werden. Zwei Tote hier, zwei Tote da, überall Verhaftungen und die Gefängnisse voll mit jungen Menschen: Ist es dann nicht legitim, wenn man gegen die Polizei und einen Staat aufbegehrt, der so etwas, oft auch mit Lügen, unterstützt? Die Medien und der politische Diskurs hatten sich schnell auf die Aufständischen eingeschossen, Staat und Polizei wurden hingegen nicht kritisiert. Die Propaganda will uns glauben machen, dass die tragischen Todesfälle der Preis sind, den man für den Gehorsam der Söhne zu zahlen hat. Dieser Gehorsam gilt aber keinem Vater mehr, sondern dem Geld und der »freien Zirkulation«, die zum eigentlichen Inhalt jener fetischisierten Demokratie geworden sind, die den Platz der Idee einnehmen, wenn es keine Idee mehr gibt.

Aber zurück zu meinem eigentlichen Thema. Die drei beschriebenen Typen des Körpers definieren den Raum des »desinitiierten Sohnes«, dem man keinerlei Initiation im Sinne einer Übertragung, einer Ablösung oder eines Werdens mehr anbietet. Dieser Raum ist ein durch und durch nihilistischer, selbst wenn der verdienende Körper alles daran setzt, diesen Nihilismus zu verbergen: Er hat so zu tun, als stifte die Karriere einen Sinn. Die Karriere wird zum Flickzeug der Sinnlosigkeit. Das ist die Funktion der friedlichen Jugend. Wir müssen verstehen, dass diese bunt zusammengewürfelte Herde irgendwann, am Abgrund eines Krieges, ihrem eigenen Nichts ins Auge sehen wird. Welcher Krieg das sein wird, weiß ich nicht, aber die derzeit vorherrschende Zufälligkeit der Identität der Söhne kann auf Dauer keinen Frieden bringen. Und schon gar nicht kann man von ihr erwarten, dass sie die absolute Leere des verdienenden Körpers zu ihrem Ideal erhebt.

Der Krieg ist in diesem Zusammenhang ein Thema von größter Bedeutung. Vergessen wir nicht, dass die vom Staat verordnete Initiation der Söhne in der modernen Epoche, also jener, die mit der Französischen Revolution eingeleitet wurde, stets auf die Figur des Soldaten ausgerichtet war. Diese Initiationsfigur ist uns inzwischen vollkommen fremd geworden. Doch über zweihundert Jahre kam ihr eine herausragende Bedeutung zu. Der Militärdienst war die initiierende Zäsur. Er versammelte die Söhne und trennte sie mit einem Mal von den Töchtern. Das war die erste notwendige Stufe für die Bildung der Identität. Anschließend disziplinierte und formte er die Aggressivität, denn man erkannte in ihr etwas Nützliches. Die Wehrpflicht unterdrückte die Aggressivität nicht, sie schulte sie. Ein Recht auf Gewalt wurde etabliert. Und nicht zuletzt versöhnte sie, in den Figuren des Offiziers und des Soldaten, Vater und Sohn im Zeichen eines gemeinsamen Symbols. Beide salutierten sie der Flagge, jener farbigen Transzendenz. Der Militärdienst folgte der Dialektik, die ich zu Beginn dieses Abschnitts erläutert habe: disziplinierte Aufhebung der Aggressivität, die sogar das Recht auf Mord umfasste; vollständige Unterwerfung unter eine repressive symbolische

Ordnung; Versöhnung, wenn auch nur scheinbar, im Zeichen des »Sohnes des Vaterlandes«. Wie alle anderen Institution auch war der Militärdienst stumpf und verachtenswert, aber funktional: Er säkularisierte die archaischen Verfahren der Initiation. Wenn die Söhne den Militärdienst durchlaufen hatten, durften sie einen Beruf ergreifen und eine Familie gründen. Sie waren erwachsen geworden.

Mit den Folgen der Abschaffung der Wehrpflicht hat man sich nie wirklich auseinandergesetzt. Nachdem Frankreich seine imperiale und militärische Größe verloren hatte und zu einer Macht unter anderen geworden war, die auf ihre Ausgaben zu achten hatte, ließ sich diese Abschaffung nicht vermeiden. In diesem Sinn ist es denn auch folgerichtig, wenn die symbolische Gleichheit der jungen Leute nur mehr vor der Trivialität des Geldes besteht und nicht mehr vor dem patriotischen Tod mit seinen Emblemen. Kein Bürger kann sich heute noch vorstellen, als Offizier für Frankreich in den Tod zu gehen. Auf dieser symbolischen Ebene gibt es keine führende Klasse mehr. Was bleibt, ist eine verantwortungslose Oligarchie. Unsere heutige Armee ist das glatte Gegenteil der von dem sozialistischen Politiker Jean Jaurès am Vorabend des Ersten Weltkriegs geforderten: Wir haben keine Staatsbürgerwehr zu ausschließlich defensiven Zwecken, sondern eine reine Söldnertruppe. Salutieren wir ein letztes Mal dem Militärdienst und allem, was er, wenn auch durch die Schande des Krieges, für die äußerst komplexe Frage des Werdens der Söhne bedeutet hat.

Bietet der Staat also überhaupt keine Initiation mehr? Man will uns weismachen, heute sei die Schule zu einem pazifistischen Instrument der öffentlichen Initiation geworden. Ich bin da skeptisch. Der Schule geht es gegenwärtig kaum besser als dem Militärdienst in seinen letzten Jahren. Obwohl sie überall als eine enorm wichtige Institution anerkannt wird, steht die Krise der Schule erst an ihrem Anfang. Der Stellenabbau und die Kürzung der Mittel, Privatisierung, pädagogische Ohnmacht und soziale Segregation, alle diese Dinge werden sich weiter beschleunigen und verschlimmern. Warum? Weil von der Schule nicht länger erwartet wird, dass sie die Masse des Volkes mit einem allgemein geteilten Wissen vertraut macht. Nicht einmal, dass sie die Schüler auf eine Ausbildung vorbereitet, erwartet man noch von ihr. Was die Schule in zunehmend verschärfter Form gewährleisten soll, ist Schutz und Absonderung des verdienenden Körpers gegenüber den anderen. Ich glaube nicht, dass die Schule von heute die einstige Funktion des Militärs erfüllen kann. Eher scheint es mir so zu sein, dass das Schulsystem, in dem es schon immer um Leistung und Selektion ging, nur so lange funktionieren konnte, wie es die Institution des Militärs im Rücken hatte, die eine reale Gleichheit vor dem drohenden Tod herstellte. Dem gegenwärtigen »demokratischen« Staat sind schlichtweg die Mittel abhandengekommen, um seine Funktionen für eine symbolische Initiation zu erfüllen.

Vielleicht ist die unsichere Identität der heutigen Söhne das Symptom eines viel tiefer greifenden Prozesses, der den Staat betrifft. Vielleicht bewahrheitet sich an den Söhnen die inzwischen weit zurückliegende und vergessene Vorhersage des Marxismus, der Staat werde absterben. Unter dem Banner des Kommunismus haben Marx und Engels die revolutionäre Variante dieses Absterbens skizziert. Darin wird die dialektische Entwicklung der Söhne im Element der Gleichheit und des universellen, polyvalenten Wissens vollständig wiederhergestellt. Und heute? Kann es sein, dass wir gegenwärtig Zeugen einer reaktiven, zersetzenden Version dieses Absterbens sind? Die symbolischen Fähigkeiten des »demokratischen« Staats sind jedenfalls massiv beschädigt. Vielleicht sind wir durch unsere Söhne dringlicher denn je vor die strategische Frage gestellt, welche der beiden entgegengesetzten Formen des Absterbens des Staates wir wählen wollen: Kommunismus oder Barbarei.

Wie sähe also eine affirmative Antwort auf die neuen symbolischen Gegebenheiten aus, die über das symptomatische Problem der Söhne hinausgreift? Wie können wir verhindern, dass dieses Problem ein apokalyptisches Ausmaß in der Gestalt eines totalen und total asymbolischen Krieges annimmt?

Wie immer, wenn unser Denken oder unser Dasein von Orientierungslosigkeit ergriffen ist, sollten wir dort nach Halt suchen, wo die neuen Wahrheiten überdauern. Wo wir, wie ich es formuliere, generische Prozeduren vorfinden, die ihre Berechtigung durch Ereignisse erhalten haben.

Ich bin zum Beispiel davon überzeugt, dass die Liebe imstande ist (vielleicht, um mit Rimbaud zu sprechen, als eine neuartige, wiedergefundene Liebe), den pervertierten oder ideenlosen Körper auf Distanz zu halten. Nur die Liebe als die Erfahrung der Zwei im gelebten Denken vermag, den Körper des Sohnes aus der pornografischen Einsamkeit des pervertierten Körpers zurückzuholen.

Um dem geopferten Körper zu entkommen, muss man sich dem politischen Leben zuwenden. Dieses muss allerdings dazu in der Lage sein, dem Gesetz der Repräsentation auf dem Markt und der suizidalen Trägheit der Adoleszenz ein gefestigtes, annehmbares Modell der interesselosen Disziplin entgegenzuhalten. Die Politik muss sich von der Macht abwenden, denn vom Staat braucht man die Mittel zur symbolischen Initiation der Söhne nicht mehr zu erwarten. Gegen den Einfluss der Religion, die nichts weiter als ein verzweifeltes Substitut, eine Rückkehr der obsoleten Symbole ist, wird man im organisierten kollektiven Handeln eine Disziplin finden, die nichttödlich ist und die den Gedanken, auf den sie sich gründet, aus sich selbst heraus entwickelt. Mit der Begeisterung, die aus der Zusammenkunft der unwahrscheinlichsten Subjekte in einer aktivistischen Vereinigung entsteht, muss man sich der entwerkten Bande und dem vergeblichen, melancholischen Märtyrertum gleichermaßen widersetzen.

Damit wir uns dem verdienenden Körper, der das Wissen und die Kenntnis einsetzt, um auf der Karriereleiter hinaufzusteigen, widersetzen können, müssen wir zu jenem Subjekt zurückkehren, das in der Unentgeltlichkeit der wahren geistigen Erfindung beheimatet ist, in der kostenlosen Freude der Wissenschaft und der Kunst, in der Unbeugsamkeit der Idee, die der Welt des Geldes und der Technik seinen Gehorsam verweigert.

Unter diesen Umständen, deren Akteur und Symptom er zugleich ist, kann es dem Sohn gelingen, den nächsten Schritt in Richtung des Vaters zu gehen, der er selbst einmal sein wird. Er wird ein Vater sein, der sich von allen vorangegangenen Vätern unterscheidet.

Auch Rimbaud, den man wirklich neu lesen muss, hat die Triade aus Liebe, Politik und Wissenschaft-Kunst gesehen, in der das Werden des Sohnes sich neu und anders begründet. Eine Filiation, die nicht auf eine

Rückkehr zum alten Gesetz angewiesen ist und deshalb den geopferten Körper umgeht.

Rimbaud selbst hat den pervertierten Körper vorausgesehen und selbst gelebt. »Die Deregulierung aller Sinne« hat er ihn genannt. Auch den geopferten Körper hat er gelebt. Wenn er schreibt, er sei von »der Rasse, die im Leiden sang«, dann bezeichnet er mit den Ausdrücken »Rasse« oder, im selben Zusammenhang, »Christus« den geopferten Körper. Schließlich hat Rimbaud, resigniert, all seine Visionen und die Poesie verleugnet, um zu einem verdienenden Körper zu werden, zu einem Händler und Schmuggler, der seiner Mutter Geld schickt. »Ich! ich, der sich Magier oder Engel genannt hat, losgesagt von jeder Moral, ich bin der Erde zurückgegeben, eine Pflicht zu suchen und die rauhe Wirklichkeit zu umarmen!« Rimbauds schillernder Lebensweg zeigt die moderne Geschichte des Sohnes im Zeitraffer. Rimbaud war derjenige, der in einem neuen, modernen Sinn sagen konnte: »Vater, Vater, warum hast du mich verlassen?« Wie wir wissen, wird damit in der christlichen Lehre der Moment der Prüfung und Verlassenheit im Angesicht des Leidens und Sterbens markiert, dem schließlich die Auferstehung folgt. Diese Verlassenheit ist das Kreuz, das die Söhne heute zu tragen haben.

Obwohl er sich letztlich für den Handel entschieden hat, wusste Rimbaud um die anderen Möglichkeiten des Sohnes, um die andere Initiation und den anderen subjektivierbaren Körper, der sich der Triade von Perversion, Märtyrertum und Konformismus entzieht. In seinem Gedicht »Genie« kommt er darauf zu sprechen. Es bringt unter anderem die Freude zum Ausdruck, die in Rimbauds Geist vom Geschehen einer Aufhebung oder von der möglichen Begrüßung eines neuen Körpers des Sohnes entzündet wird. Er schreibt: »Sein Körper! Das erträumte Losreißen, der Bruch der Anmut, von neuer Gewalt durchkreuzt.« So könnte der Leitspruch für unsere gemeinschaftliche Arbeit im Dienste der neuen Initiation der Söhne lauten.

Ich werde es unablässig wiederholen: Seit je besteht die Funktion des Philosophen darin, die Jugend zu verderben. Heute heißt das etwas ganz Bestimmtes. Der Philosoph hat dafür zu sorgen, dass die Frage des Sohnes der Typologie der drei Körper entzogen und zurück in den Bereich der Wahrheiten geholt wird. Mit dem verdienenden Körper, der für so viele Väter und Mütter das geringste Übel darstellt, kann sich der Philosoph nicht abfinden. In der Liebe, in der Wissenschaft oder in der Politik kann es eine Anmut geben, die, wenn sie den Körper berührt, diesem die abwesende Idee zurückgibt. Diese Anmut kann in dem Individuum, das in seiner Fixierung auf Ware und Kapital von seinen subjektivischen Möglichkeiten abgetrennt ist, einen Bruch erzeugen, der ihm sein Subjektsein zurückgibt. Anstelle des reaktiven Mythos der »Menschenrechte« und des Endes aller Gewalt, der in Wahrheit nichts anderes bedeutet als die Herrschaft der Polizeigewalt und der unaufhörlichen Kriege, kann es eine »neue Gewalt« geben, eine, mit der die Söhne zur Freude der wahren Väter jene Welt affirmieren, die sie erschaffen wollen.

Nein, wir werden uns nicht mit der unterwürfigen Fadheit des verdienenden Körpers begnügen, nur weil man uns weismachen will, die von barbarischen Polizeikräften eingeschlossenen pervertierten und geopferten Körper seien die einzigen Alternativen. Der Körper des Sohnes ist nicht dem unterworfen, was Lacan »den Dienst an den Gütern« genannt hat, einem Dienst, der dem Subjekt versagt, seine Pflicht zu tun und zum Subjekt zu werden. Durch die unermüdliche lokale Arbeit der Wahrheiten, welche die Philosophie universalisiert, wird es Bruch, Anmut und neue Gewalt geben.

Es leben unsere Töchter und Söhne!

3.

Über das gegenwärtige Werden der Töchter

Ich zögere, mich der Frage nach dem Werden der Töchter zuzuwenden.

Erstens, weil es für einen alternden Mann grundsätzlich gefährlich ist, von jungen Frauen, von Töchtern oder Mädchen zu sprechen. Möge meine eigene Tochter Claude Ariane mir auf diesem gefährlichen Weg ein wenig Beistand leisten. Zweitens, weil gar nicht sicher ist, ob es in unserer gegenwärtigen Welt überhaupt eine Frage der »Tochter« oder, besser, des »Mädchens« gibt. In der alten Welt, der Welt der Tradition, war völlig klar, welche Frage sich in Bezug auf die Töchter stellte. Die Frage war, ob und wie eine Tochter zur Ehefrau werden, auf welche Weise sie ihre verführerische Jungfräulichkeit ablegen und die Mühen der Mutterschaft auf sich nehmen würde. Zwischen dem Status der Tochter und jenem der Mutter lag die verfemte, negative Figur des Mutter-Mädchens, jener Frau, die kein Mädchen mehr war, weil sie bereits Mutter war, aber keine richtige Mutter sein konnte, weil sie noch unverheiratet und also ein Mädchen war.

Die Figur des Mutter-Mädchens war für traditionelle Gesellschaften – und für die Romane des 19. Jahrhunderts – äußerst bedeutsam. Sie beweist, dass die Frau zu allen binären Begriffen und Zuordnungen ein Zwischenstadium konstruieren kann, einen Platz außerhalb der zugewiesenen Plätze, etwa zwischen der Mutter- und der Tochterrolle. Sie kann das ausfüllen, was Georges Bataille den »verfemten Teil« genannt hat. In traditionellen Gesellschaften fiel dieser Teil immer der Frau zu. Das Mutter-Mädchen ist ein Beispiel, die Figur des »alten Mädchens« oder der »alten Jungfer« ein anderes. Ein Mädchen hat per definitionem jung zu sein. Ein altes Mädchen nimmt also einen Platz ein, den es gar nicht gibt. Das Motiv des deplatzierten Platzes ist ein klassisches strukturales Thema. Von diesem Motiv will ich mich im Folgenden leiten lassen, trotz aller inhärenten Gefahren.

In unserer heutigen Welt der Kommodifizierung und Lohnarbeit, der allgegenwärtigen Kommunikation und Zirkulation und des vollkommen entfesselten Kapitalismus lässt sich die Frage des Mädchens oder der Tochter nicht mehr auf die Ehe reduzieren. Natürlich ist die alte Welt noch nicht vollkommen tot. Religion und Familie, Heirat und Mutterschaft, Schamgefühl und sogar Jungfräulichkeit, all diese Dinge haben an vielen Orten weiterhin eine feste Bedeutung. Doch Philosophen interessieren sich weniger für das Seiende als für das Künftige. Und das Künftige der Töchter ist keineswegs mehr auf die Heirat beschränkt. Man kann die Mädchen der Gegenwart, zumindest im Westen, nicht länger darauf festlegen, dass sie weibliche Wesen sind, die ihr Frau-und-Mutter-Werden durch die Vermittlung der Ehe und also eines Mannes erfahren. Die gesamte feministische Revolte seit dem späten 19. Jahrhundert verfolgt im Grunde nur das eine Ziel: Frauen können und sollen unabhängig von den Männern existieren. Sie können und sollen selbstbestimmte Wesen sein und nicht solche, die bloß das Ergebnis einer männlichen Vermittlung sind. Diese Revolte hat, nicht ohne zwiespältige Folgen, auf die ich noch zu sprechen komme, wichtige Veränderungen herbeigeführt. Besonders deutlich hat sie sich auf den Status der Töchter ausgewirkt und damit sogar die Weise verändert, wie wir definieren, was überhaupt ein Mädchen ist.

In der Welt der Tradition wird die Frage des Mädchens von den Männern folgendermaßen gelöst: Was ein Mädchen von einer Frau unterscheidet, ist ein Mann. Bei den Knaben ist das anders. Die Differenz zwischen Söhnen und Vätern beruht nicht auf der Intervention einer realen äußerlichen Instanz, wie sie beispielsweise ein Ehemann darstellt, sondern auf der Kontrolle über die symbolische Ordnung. Zu gegebener Zeit muss der Sohn seinen Vater ablösen, von ihm die Macht übernehmen und selbst Herr des Gesetzes werden. Die Trennung zwischen Tochter und Mutter-Frau geht auf ein reales Äußeres, einen Mann, zurück, dem das Mädchen seinen Körper ausliefert und dem es sich, wie man früher sagte, »hingibt«, um ihm fortan anzugehören. Zwischen Sohn und Vater steht hingegen das Gesetz.

In der traditionellen Welt tauscht die Tochter ihren Namen gegen den ihres Ehemannes ein, sie wird zu »Frau X«. Sie darf keiner Lohnarbeit nachgehen, hat einen Haushalt zu führen, soll vor allem Mutter und insbesondere »Mutter der Familie« sein. In der reaktionären Trias *travail*, *famille*, *patrie* werden Arbeit und Vaterland von Arbeitern und Bauern beziehungsweise Soldaten, also durchweg männlichen Figuren, symbolisiert. Die Familie wird von der zur Mutter gewordenen Tochter repräsentiert. Zwei männliche Begriffe, Arbeit und Vaterland, gegen einen weiblichen, die Familie.

Die Welt der Tradition ist voll von solchen die Frauen unterdrückenden »Zwei zu eins«-Schemata. So zum Beispiel im französischen Eherecht, wie es noch Anfang der sechziger Jahre, also vor gerade einmal fünfzig Jahren, Bestand hatte (im Maßstab der Menschheitsgeschichte ist das ein Wimpernschlag). Nach den damaligen Gesetzen entschied der Mann über den Wohnort der Familie. Die Frau hatte die Pflicht, in diesem Familienhaushalt zu leben, der Mann besaß jedoch die Freiheit, selbst nicht dort zu wohnen. Er durfte seine Frau also zu Hause einsperren und selbst abwesend sein. Die Frau war verpflichtet, daheimzubleiben. Zwei zu eins für den Mann, das ist wahrlich das Gesetz der traditionellen Familie.

Was aber ist eine Familie? Schon Platon hat drei wesentliche gesellschaftliche Funktionen unterschieden: Produktion, Reproduktion, Verteidigung. Die Arbeit dient der Produktion, die Familie der Reproduktion und das Vaterland ist das, was es zu verteidigen gilt. Eingerahmt von Produktion und Protektion obliegt es der Frau, zu der das Mädchen geworden ist, die Reproduktion zu sichern. Wieder zwei zu eins, die traditionelle Frau stand zwischen dem Soldaten und dem Arbeiter. An ihrem Tisch und in ihrem Bett empfing sie den reifen Mann, der arbeitete und ihr Ehemann war. Als Patriotin beweinte sie den Tod des im Kampf gefallenen Jünglings, ihres Sohnes. Aus dem Mädchen musste eine Mater dolorosa werden. Wieder zwei zu eins: Der lebendige Vater besaß den Körper der Frau, der verstorbene Sohn ihre Tränen.

An diesem Punkt sehen wir allerdings auch, dass die traditionelle Gesellschaft, zumindest die unsere, langsam, aber sicher zerfällt. In der kommenden Welt, in der gegenwärtigen Zukunft entscheidet das Mädchen selbst, ob es Arbeiterin oder Bäuerin, Lehrerin oder Ingenieurin, Polizistin oder Kassiererin, Soldatin oder Präsidentin sein möchte. Die junge Frau hat die Möglichkeit, mit einem Mann zusammenzuleben, ohne mit ihm verheiratet zu sein, sie kann einen, mehrere oder keinen Liebhaber haben. Sie kann heiraten und sich wieder scheiden lassen, sie bestimmt selbst über ihren Ort und über ihre Liebe. Sie kann alleine leben, ohne deshalb zur grausamen Traditionsfigur des »alten Mädchens« gestempelt zu werden. Kinder haben kann sie auch ohne einen Mann, sie kann es sogar mit einer anderen Frau. Sie kann abtreiben. Der verfemte Name des Mutter-Mädchens verschwindet. Die »alleinerziehende Mutter«, wie man sagte, wird von dem noch neutraleren Ausdruck der »Einelternfamilie« abgelöst. Und natürlich kann eine Einelternfamilie auch nur aus einem Vater und seinen Kindern bestehen, ganz ohne Frau. Niemand käme auf die Idee, einen solchen Mann analog zum Mutter-Mädchen einen Vater-Sohn zu nennen. Die negativ besetzte Figur des alten Mädchens wird abgelöst von der positiven der unabhängigen Frau.

Natürlich weiß ich, dass es gegen all das heftige Widerstände gibt, sogar in unseren demokratischen westlichen Staaten. Der Kampf ist noch lange nicht gewonnen, aber die genannten Phänomene geben die

Richtung vor. Sie sind die Zukunft. Die Frage des Mädchens, von der ich eingangs gesagt habe, sie sei von zentraler Bedeutung, könnte für diese zukünftige Gegenwart folgendermaßen lauten: Wenn sich die Tochter nicht länger durch das Reale eines Mannes und auch nicht durch das Symbolische der Heirat von der Frau unterscheidet, worin liegt dann das existenzielle Prinzip des Mädchens? Befindet es sich in einer ähnlichen Orientierungslosigkeit wie der Sohn?

Meine These zu den Söhnen lautete, dass der Untergang der Initiation und insbesondere des Militärdienstes als wichtigster initiativer Erfahrung sämtliche symbolischen Anhaltspunkte hat verschwinden lassen, die ihnen bei ihrer Aufgabe, etwas anderes als sie selbst zu werden, Orientierung boten. Weil jede Idee aus dem Leben gewichen ist, wird das Leben zu einer bloßen, tagtäglichen Wiederholung des Bestehenden. Für die Jugendlichen folgt daraus die Versuchung der ewigen Adoleszenz, für die Erwachsenen, insbesondere für die Männer, die täglich aufs Neue feststellbare Infantilisierung des Erwachsenseins. Im Verhältnis zur Warenwelt hat sich das Subjekt als Kind zu verhalten und täglich neue Spielsachen einzufordern, im Verhältnis zur gesellschaftlichen und politischen Welt hat es ein folgsamer, steriler Schüler und Wähler zu sein, dessen einzige Ambition darin besteht, seine Klassenkameraden zu überflügeln, damit überall von ihm gesprochen wird.

Aber die Töchter? Man könnte durchaus sagen, dass auch sie einer Vermischung zwischen Mädchen- und Frausein ausgesetzt sind, weil die Männer und die Ehe nicht länger die Faktoren sind, die den Unterschied markieren. Meine These geht aber in eine andere Richtung: Anders als im Falle der Söhne, bei denen das Verschwinden der traditionellen Initiation eine kindische Stagnation verursacht, die wir als ein Leben ohne Idee bezeichnen können, führt das Ausbleiben der von außen (durch Mann oder Heirat) getroffenen Unterscheidung von Mädchen und Frau, von Tochter und Mutter-Frau zu einer immanenten Konstruktion frühreifer Weiblichkeit. Anders gesagt: Wo die Jungen dazu angehalten sind, niemals die Männer zu werden, die sie in sich tragen, wird von den Mädchen verlangt, immer schon die erwachsenen Frauen geworden zu sein, zu denen sie erst noch aktiv hätten werden müssen. Oder noch anders: Den Jungen misslingt die Antizipation, weswegen sie im Angstzustand der Stagnation verharren. Bei den Mädchen aber zehrt die Rückwirkung des Erwachsenseins die Adoleszenz, ja sogar die Kindheit auf. Ihr Angstzustand ist die Frühreife.

Schauen wir uns die Mädchen in unseren modernen Gesellschaften an. Von den Frauen unterscheiden sie sich kaum. Sie sind einfach sehr junge Frauen, das ist alles. Sie kleiden und schminken sich wie Frauen, sie sprechen wie Frauen, sie kennen sich aus. Die Themen von Mädchen- und Frauenmagazinen gleichen sich: Stil, Körperpflege, Shopping, Haare, was man über Männer, Astrologie, das Arbeitsleben, den Sex wissen muss.

Was sich unter diesen Umständen ganz ohne fremde Hilfe konstituiert, ist ein frühreif-erwachsenes Frau-Mädchen. Das ist der Grund, weshalb das Symbol der Jungfräulichkeit für uns keine Rolle mehr spielt. In traditionellen Gesellschaften war es von fundamentaler Bedeutung: Im Körper eines Mädchens bezeichnete es das, was bewies, dass die sexuelle Vermittlung durch einen Mann noch nicht erfolgt war, dass das Mädchen noch keine Frau war. Ein Mädchen war eine Jungfrau, auf symbolischer Ebene war das von entscheidender Bedeutung. In unserer Gesellschaft ist dieses Symbol verschwunden. Warum? Weil heute jede junge Frau auch dann schon zur Frau geworden ist, wenn sie körperlich noch Jungfrau ist. Das Mädchen unterliegt stets dem rückwirkenden Einfluss der Frau, zu der es nur deshalb werden kann, weil es sie, ohne dass ein Mann großen Anteil daran hätte, bereits ist. Auch deswegen, so könnte man sagen, ist die poetische Figur des Mädchens, die so viele großartige englische Romane leuchten ließ, inzwischen irrelevant geworden. Seine Poesie ist liquidiert worden von Magazinen, in denen die Mädchen von heute lesen können, wie sie den Männern ohne eigenes Risiko zur Lust verhelfen, wie sie sich kleiden müssen, damit diese Lust bei den Männern entsteht, usw. Die Magazine tragen daran keine Schuld. Sie richten sich lediglich an die gegenwärtige Frau im Mädchen, zu der jedes Mädchen heute immer schon geworden ist, weshalb sein Zynismus, wenn man so will, ein unschuldiger ist.

Aus demselben Grund sind Mädchen so unglaublich begabt dafür, all das, was man ihnen im Kindes- oder Jugendalter abverlangt, anstandslos und zur vollsten Zufriedenheit zu erledigen. Ganz von selbst sind diese Mädchen über ihr jeweiliges Alter schon immer weit hinaus. Die Söhne mögen heute für immer unreif bleiben, die Töchter hingegen sind schon immer erwachsen. Als einziges Beispiel sei der schulische Erfolg genannt. Zwischen Jungen und Mädchen, insbesondere zwischen jenen aus den unteren Schichten, hat sich ein wahrer Abgrund aufgetan. Während der männliche Teil der Banlieue-Jugend mit seinem spektakulären schulischen Scheitern kämpft, setzt sich der weibliche durch, und zwar nicht nur gegenüber den eigenen Brüdern, sondern auch gegenüber den Altersgenossinnen aus den reichen Vierteln, die ihrerseits die wohlhabenden, aber stumpfsinnigen Söhne um Längen überragen. Die unglücklichen Jungs mit arabischem Hintergrund, die von der Polizei aus ihren Vierteln heraus vor Gericht gezerrt werden, wie oft habe ich mit eigenen Augen gesehen, dass ihre Anwältin, ja sogar ihre Richterin, ihre Schwester hätte sein können.

Oder dass ihre Ärztin, wenn sie sich, tief ins sexuelle Elend verstrickt, eine Geschlechtskrankheit zugezogen hatten, eine Schwester oder Cousine sein konnte. Wo immer es auf schulischen oder symbolischen Aufstieg ankommt, hängt das Frau-Mädchen den unfähigen, in seiner Adoleszenz gefangenen Jungen ab.

Daran erkennt man übrigens auch, dass wir es nicht nur mit einer sozialen Misere zu tun haben. Die Mädchen der Armutsviertel sind eher noch schlechter dran als die Jungs, denn häufig müssen sie sich auch um den Haushalt und die jüngeren Geschwister kümmern. Wenn sie dann aber am Küchentisch über ihren Schulbüchern sitzen, sind diese definitiven Frauen zum Erfolg bestimmt, denn die Anforderungen zu erfüllen ist ihnen ein Kinderspiel.

Nun könnte man einwenden, dass sich diese Mädchen lediglich aus der Unterdrückung herausarbeiten wollen, in die sie hineingeboren wurden. Das stimmt natürlich. Der Punkt ist aber, dass sie dazu auch in der Lage sind. Und sie sind es einzig und allein deshalb, weil sie die freie Frau, zu der sie werden wollen, bereits in sich haben, mit all der Macht, dem Selbstvertrauen und der Hartnäckigkeit, die zu einem solchen Aufstieg nötig sind. Während der Sohn nicht weiß, was er ist, und daran scheitert, zu dem zu werden, der er sein könnte, wird das Frau-Mädchen mit Leichtigkeit zu derjenigen, die sie längst in sich erkannt hat.

Daraus folgt, dass sich die Frage der Tochter oder des Mädchens, im Gegensatz zu jener des Sohnes, nicht mehr stellt. Es gibt nur noch eine Frage der Frau. Wer aber sind diese frühreif zur Frau gewordenen Mädchen? Wie kann man sie beschreiben?

An den gegenwärtigen Weiblichkeitsmodellen lässt sich, so glaube ich, der wahre sexuierte Unterdrückungsmechanismus des modernen Kapitalismus aufzeigen. Mit einer direkten, zugleich realen und symbolischen Unterordnung der Mutter-Frau unter den Vater-Mann, wie sie in der Welt der Tradition von Ehe und Ehemann ausgeht, haben zumindest wir es nicht mehr zu tun. Vielmehr geht es darum, den Imperativ »ohne Idee sollst du leben« für alle und ohne Einschränkungen geltend zu machen. Doch sind die Wirkungsweisen dieses Imperativs je nach Geschlecht verschieden. Den Jungen zwingt man das ideenlose oder einfach nur dumme Leben, die kapitalistische Subjektivität auf, indem man ihnen das Erwachsenwerden unmöglich macht und sie einer von endlosem Konsum und andauernder Konkurrenz geprägten Adoleszenz ausliefert. Anders bei den Mädchen: Ihnen zwingt man es auf, indem man ihnen das Jungsein, den Ruhm, ein junges Mädchen zu sein, versagt. Ein verfrühtes Frau-Werden durchdrängt ihr Sozialwerden von Anfang an mit Zynismus.

Was will die gegenwärtige Gesellschaft, die sich dem

Monster des Kapitalismus ergeben hat? Zwei Dinge: dass wir ihre Produkte kaufen, wenn wir es können, und dass wir die Klappe halten, wenn wir es nicht können. Diese beiden Forderungen lassen sich erfüllen, ohne dass man irgendeine Idee von Gerechtigkeit oder von einer anderen Zukunft hat; man braucht dafür nicht einen einzigen kostenlosen Gedanken. Tatsächlich ist jedoch jeder wirkliche Gedanke kostenlos. Weil nun aber in unserer Welt nur zählt, was einen Preis hat, soll man keinen Gedanken, keine einzige Idee haben. Wir sollen uns der Welt unterwerfen, die sagt: »Konsumiere, wenn du kannst, oder halt die Fresse und verschwinde.« Uns bleibt nur, ein vollkommen orientierungsloses, repetitives Leben zu führen, weil wir den Kompass der Idee verloren haben.

Traditionelle Gesellschaften unterscheiden sich grundsätzlich von der unseren, weil sie ihren Mitgliedern einen Glauben und das heißt: eine Idee aufzwingen. Die Unterdrückung geschieht in ihnen nicht dadurch, dass man ohne Idee leben muss, sondern dadurch, dass einem eine ganz bestimmte, im Regelfall religiöse Idee vorgegeben wird. »Nur nach dieser Idee und nach keiner anderen sollst du leben«, lautet der Imperativ dieser Gesellschaften, »ohne Idee sollst du leben«, befiehlt uns die gegenwärtige. Deshalb sprechen wir seit vierzig Jahren vom Tod der Ideologien.

Im Grunde besagt der traditionelle Imperativ: »Sei

ein Mann wie dein Vater oder eine Frau wie deine Mutter, ändere niemals die Ideen.« Der gegenwärtige fordert hingegen: »Sei das menschliche Tier, das du bist, sei voll kleiner Begehren und ohne jede Idee.« Für die Dressur zum individualistischen Tier gilt allerdings heute, dass sie je nach Geschlecht verschieden ist.

Sagen wir es so: Die Söhne sind dazu verdammt, ohne Idee zu leben, weil sie unfähig sind, einen Gedanken reifen zu lassen. Die Töchter aber leben ohne Idee, weil sie viel zu früh und ohne jede Vermittlung zu einer Reife gekommen sind, die so ehrgeizig wie vergeblich ist. Dem Sohn fehlt die Idee, weil er zu wenig Mann ist, der Tochter, weil sie zu viel Frau ist.

Treiben wir das Ganze mal auf die Spitze. Wenn wir von dem oben Gesagten ausgehen, was könnte dann aus der Menschheit werden? Eine Herde dummer Jünglinge vielleicht, die von karrierebewussten, geschickten Frauen geführt wird. Was wir dann im Bereich der Idee hätten, entspräche vollkommen jener undurchsichtigen, gewalttätigen Welt, die man uns anbietet: Dinge, nichts als Dinge.

Aber zurück zur Figur der frühreifen Weiblichkeit, die überall dort zu sehen ist, wo das junge Mädchen vor seiner Zeit verschwunden ist. Der Kreis der Frauenfiguren, wie er seit Tausenden von Jahren von der Männerwelt konstruiert worden ist, enthält vier Positionen: die Hausfrau, die Verführerin, die Liebende und die Heilige.

Zunächst die Frau als Haustier, als Garant von Produktion und Reproduktion. Sie gilt als dasjenige Wesen, das sich zwischen der symbolischen Menschheit, deren Zusammenleben durch den Namen-des-Vaters geregelt wird, und dem präsymbolischen Tierischen befindet. Zu dieser Figur gehört natürlich die Mutterschaft, und sie bildet zudem die materielle Grundlage für die anderen drei Frauenfiguren. Dann die gefährliche, sexuelle Frau, die Verführerin. Außerdem die Frau als Liebende, als Inbegriff von Aufopferung, Leidenschaft und Selbstaufgabe. Und schließlich die Frau als Jungfrau, als Geweihte, als Mittlerin und Heilige.

Das ist das Viereck der traditionellen Frauenfiguren. Man stellt sich die Frau als häuslich, verführerisch, liebend oder heilig vor.

An dieser abstrakten und zugleich fruchtbaren Konstruktion fällt vor allem auf, dass in ihr niemals nur eine einzige Position, sondern immer schon ein Zweierpärchen aktiv ist. Beispielfiguren in der Literatur, egal ob diese von weiblichen oder männlichen Autoren verfasst wurde, gibt es sonder Zahl. Immer ist die Frau zwischen zwei Positionen hin- und hergerissen. Eine Hausfrau und Mutter wird stets so dargestellt, dass sie auch eine Verführerin, ja eine Hure sein könnte. Daher die alte Ansicht, die Männer begegneten der Frauenwelt immer nur nach dem binären Schema der Mutter und der Hure. Die gefährliche Verführerin ist nur denkbar als jemand, der auch zur Aufopferung der Liebenden fähig wäre. Unzählige literarische Figuren speisen sich aus dieser Vorstellung, immer stehen reine und unreine Liebe, Liebe und Verlangen im Konflikt. Oder die sublime Liebende trifft in der verdorbenen Frau, der *femme de mauvaise vie*, auf ihre mächtigste Rivalin. Die Liebende wiederum befindet sich immer schon auf dem Weg zum Erhabenen. Gibt sie sich hin und vergisst sich, dann kann ihre Versenkung auch Gott gelten, nach dem Schema einer himmelfahrenden Jungfräulichkeit. Nicht umsonst lässt Goethe seinen großen *Faust* mit den Worten enden: »Das Ewig-Weibliche / Zieht uns hinan«. Die Hausfrau ist also nur dann eine Frau, wenn sie durch die Verführerin virtuell verdoppelt wird; die Verführerin hat nur insofern Macht, als sie zu den Ufern der Liebe strebt; und die Liebende erreicht nur dann die Erhabenheit, wenn sie bald zur Mystikerin wird.

So stellt sich eine umkehrte Zirkulation her, eine, die zum Ausgangspunkt zurückführt: Die erhabene Mystikerin bestätigt die Mutter in ihrer tagtäglichen Selbstaufgabe, weshalb in religiöser und moralischer Prosa häusliche und mystische Motive stets nahtlos ineinandergreifen, allerdings immer im Zeichen einer weiblichen Figur. Die in unserer Kultur wichtigste Frauenfigur ist die Jungfrau Maria, die so erhaben ist, dass sie gottähnlich ist. Und doch entspricht sie gleichzeitig ganz dem Archetyp der Mutter, die sich zärtlich um ihr Neugeborenes kümmert oder als Mater dolorosa um den Leidenden weint. Durch die Rückkehr der heiligen Erhabenheit zur häuslichen Mütterlichkeit schließt sich der Kreis der Frauenfiguren. Seine Einheit besteht in der Tatsache, dass jede der vier Positionen nur in einer exzentrischen Relation zu einer anderen existieren kann. Man könnte also sagen, »Frau« bedeute stets das Vorkommen einer Zweiheit. Auch die heilige Ehefrau kann nur eine solche sein, weil sie eines Tages verführt worden ist und in Sex eingewilligt hat, weshalb sie für immer gefährlich bleibt. Wäre sie nur das häusliche, unbedarft-treue Eheweib, warum müsste man sie dann einsperren, zurückhalten, verschleiern und verstecken? Und steckt hinter der abgeschirmten Gattin nicht die gefährliche Verführerin, die glühend vor Leidenschaft ihren Liebhaber aufsucht, für den sie ihr Leben geben würde? Und wenn dieser Liebhaber verschwindet, ist sie dann nicht versucht, sich in einem Kloster in den rettenden Gott zu versenken? Aber ist sie dann nicht die sublimierte Aufhebung dessen, was sie schon Tag für Tag gewesen ist, nämlich die bedingungslos ergebene Ehefrau?

In der traditionellen Vorstellungswelt nimmt eine Frau nur insofern einen Platz ein, als sie ebenso gut einen anderen einnehmen könnte. Eine Frau ist das, was zwischen zwei Plätzen passiert.

Bei genauerem Hinsehen ist die Macht der Zwei sogar noch beträchtlicher. Man kann jede der vier Frauenfiguren als in sich gespalten ansehen. Das naheliegendste Beispiel hierfür liefert die Zirkulation der Frauen in traditionellen Gesellschaften, seien es die sogenannten »primitiven« Gesellschaften, die von Ethnologen untersucht worden sind, oder auch jene in unserer eigenen Vergangenheit. Frauen galten dort als eine höhere Art von Haustier. In manchen Gesellschaften bekam (und bekommt noch heute) ein Mann bekanntermaßen nur dann eine Frau, wenn er ein ansehnliches Entgelt für sie leistete, in Form von zwei oder drei Kühen etwa, von wertvollen Stoffen oder Ähnlichem. In anderen Gesellschaften wiederum willigte ein Mann nur dann in eine Heirat ein, wenn er dafür eine erhebliche Summe erhielt. Das ist das Prinzip der Mitgift. Warum wandern im zweiten Fall die Frau und das Geld in dieselbe Richtung, im ersten aber in entgegengesetzte Richtungen? Im System der Mitgift geht die Frau zusammen mit einer materiellen und / oder finanziellen Aussteuer ins Lager der anderen Familie über. Im reinen Tauschgeschäft fließt das Geld andersherum, von der aufnehmenden zur abgebenden Familie. Das kann man so erklären, dass der Transfer einer Tochter zwei entgegengesetzte Bedeutungen umfasst, die in den beiden Geldflüssen zum Ausdruck kommen. Einerseits ist eine junge Frau eine wertvolle Arbeits- und Reproduktionskraft, und als solche hat sie einen Preis. Andererseits ist sie aber auch jemand, der trotz seines reproduktiven Wertes hohe Unterhaltskosten verursacht. Die Mitgift war in wohlhabenden Kreisen auch deshalb verpflichtend (und ist es oft noch bis heute), weil eine Frau sich dort zu präsentieren hatte, weil sie Eleganz und Zivilisiertheit ausstrahlen musste, weil sie, wenn sie Empfänge ausrichtete, in ihrer Aufmachung keinesfalls hinter ihre Geschlechtsgenossinnen zurückfallen durfte. All das kostete eine Menge Geld. Eine afrikanische Bäuerin hingegen, die nicht nur Kinder trägt und austrägt, sondern auch an der harten Feldarbeit teilnimmt, bringt Geld ein. Man könnte sagen, der Erwerb einer Frau geschieht immer in Rücksicht auf ihre doppelte Funktion als Haustier: Sie ist Schmuck und Gesellschaft, und sie ist eine Arbeitskraft. Manche Frauen sind Arbeitstiere, manche Palastkatzen – und manche, viele sogar, versuchen, beides gleichzeitig zu sein.

Man kann also sagen, dass schon die Hausfrau, diese dem Anschein nach simpelste, objektivste, elementarste und am direktesten unterworfene Figur der Weiblichkeit, innerlich zerrissen ist zwischen zwei widersprüchlichen Möglichkeiten.

Es wäre ein Leichtes, dasselbe für die drei anderen Figuren aufzuzeigen. Die Mystikerin steht unter dem doppelten Druck von Erniedrigung, Demut und Aussonderung einerseits sowie glorreicher Himmelfahrt andererseits. Sie repräsentiert abstoßende Niedrigkeit, aber auch diaphanen Glanz. Die Ordensfrau ist eine klassische Figur der Pornografie, in der Figur der Teresa von Ávila sehen wir sie aber auch im Licht poetischer Ekstase.

Man könnte zu bedenken geben, dass es sich bei allen diesen Figuren um überzeichnete Darstellungen handelt, um Fiktionen, um Männerfantasien. In Ansehung ihres offenbaren Inhalts ist dieser Einwand natürlich berechtigt. Trotzdem behaupte ich, dass sich in solchen Darstellungen eine tiefe und abstrakte Idee davon verbirgt, was eine Frau sein kann. Sicher: Auf die anthropologischen Besonderheiten dieser vier Figuren kann man sich nicht berufen. An der Logik der Zwei und des Passierens-zwischen-Zwei als Bestimmungsmerkmal des Weiblichen möchte ich aber festhalten. Diese Weiblichkeit widersetzt sich der Affirmation des Einen, der einheitlichen Macht, welche die Position der traditionellen Männlichkeit charakterisiert. Im Grunde lässt sich die gesamte männliche Logik auf die absolute Einheit des Namen-des-Vaters zurückführen. Das Symbol dieser absoluten Einheit wird evident in der absoluten und absolut männlichen Einheit des Gottes in den großen monotheistischen Religionen. Genau dieses Eine erfährt in dem figürlichen Zwischen-Zwei der Frau eine Kritik und Infragestellung.

Jetzt könnte man natürlich einwenden: Warum sollte

ausgerechnet der Mann die Eins sein und die Frau nur die Zwei? Um sich darüber lustig zu machen, könnte man darauf verweisen, dass in Frankreich die Sozialversicherungsnummer einer Frau mit der Zahl 2 und die eines Mannes mit der Zahl 1 beginnt. Meine Antwort darauf lautet, dass diese 1 und diese 2 eine platte ordinale Bedeutung haben: Der Mann ist das erste, die Frau das »zweite Geschlecht«, wie schon Simone de Beauvoir beklagt hat.* Die Eins und die Zwei, um die es mir hier geht, haben aber keine ordinale, sondern eine kardinale Bedeutung. Sie bezeichnen keine Hierarchie, sondern eine innere Struktur. Ich will zeigen, dass der Formalismus, der die Eins und die Zwei in ein dialektisches Verhältnis setzt, ein adäquates Mittel ist, um die Sexuierung zu denken. Oder sagen wir, dass er ein adäquates Mittel dazu war, denn genau darin liegt das Problem, das wir zu lösen haben.

Mit dieser der Geschlossenheit des Einen entgegengesetzten weiblichen Zweiheit will ich natürlich nicht dem klassischen misogynen Vorwurf Vorschub leisten, Frauen seien doppelzüngig oder unaufrichtig. Vielmehr sollten wir davon ausgehen, und das ist von entscheidender Bedeutung, dass »Frau« einen Prozess

* *Das andere Geschlecht* von Simone de Beauvoir (Rowohlt 1951) erschien im französischen Original (Gallimard 1949) unter dem Titel *Le deuxième sexe* (»Das zweite Geschlecht«); Anmerkung des Übersetzers.

bezeichnet und keine Position. Aber was für einen Prozess? Nun, einen des Übergangs, des Passierens (*le processus d'une passe*). Viele Dichter, und insbesondere Baudelaire, haben erkannt, dass eine Frau zuerst und stets eine »Passantin«, eine »Vorübergehende« ist. In seinem berühmten Gedicht »An eine Vorübergehende« (»À une passante«) schreibt er: »Du, dich hätt ich geliebt, und du, du hast's gesehen!«

Sagen wir etwas nüchterner, dass eine Frau dasjenige ist, was sich dem Einen entzieht, was nicht Platz, sondern Handlung ist. In leichter Abweichung von Lacan würde ich behaupten, dass die Sexuierung nicht von einer negativen Relation zum Alle, dem Nicht-Alle, bestimmt ist, sondern von einer Relation zum Einen, nur dass dieses Eine eben nicht ist. Was ich meine, versteht man nur, wenn man davon überzeugt ist, dass Gott nicht ist, und also das Eine des Namen-des-Vaters nicht ist. Eine Frau ist der Prozess dieses Nicht-Seins, welches das ganze Sein des Einen konstituiert. Deshalb ist auch gelegentlich davon die Rede, besonders in der romantischen Metaphysik der Liebe, dass die Frau göttlich ist. In Wahrheit ist das genaue Gegenteil der Fall, und man versucht immerzu, dieses Gegenteil zu verstecken. Eine Frau ist immer schon selbst der irdische Beweis dafür, dass Gott nicht existiert, dass er nicht existieren muss. Es genügt, eine Frau anzublicken – was man anblicken nennt –, um sich davon zu überzeugen, dass Gott nicht gebraucht wird. Deshalb werden in traditionellen Gesellschaften die Frauen versteckt. Es geht dabei nicht nur um vulgäre sexuelle Eifersucht. Die Tradition weiß, dass, wer Gott um jeden Preis am Leben halten will, die Frauen unbedingt unsichtbar machen muss.

Um jenen atheistischen Prozess in Gang zu halten, durch den sie das Nicht-Sein des Einen affirmiert, muss eine Frau ständig zu allem, was sich des Einsseins rühmt, einen enteinigenden Begriff hervorbringen. Dann passiert das Zwischen-Zwei. Es geht nicht darum, dass eine Frau zwei Frauen oder unaufrichtig wäre, sondern darum, dass immer dann, wenn man die Frau an einen Platz stellen will, die Zwei das Mittel zur Überwindung des Einen dieses Platzes durch ein Zwischen-Zwei ist, welches die weibliche Macht zwischen dem Platz und seiner Verdopplung hervorbringt.

Eine Frau ist also die Erschaffung eines Doppelten, welches das Eine destituiert, während es sein Nicht-Sein glorreich affirmiert.

In diesem Sinn ist eine Frau das Hinausgehen über das Eine in der Form des Passierens des Zwischen-Zwei. Das wäre meine spekulative Definition der Weiblichkeit. Sie ist mit dem traditionellen Kreis der vier Figuren – Hausfrau, Verführerin, Liebende und Heilige – vereinbar. Was die Tradition zu bewerkstelligen suchte, war lediglich ein Einschluss der Macht der Zwei und des Ausspielens des Einen in den Kreis der Figuren. Die Tradition schaltete die Macht der Zwei nicht aus, sondern schloss sie ein, getragen von der vielleicht illusorischen Überzeugung, dass eine geschlossene Zirkulation diese Macht erschöpfen könnte.

Unser Ausgangsproblem der Mädchen in der gegenwärtigen Welt sehen wir nun klarer. Ausgehend von unserer provisorischen Definition des Weiblichen müssen wir überlegen, welche Folgen die moderne Frühreife zeitigt, welchen Preis wir für eine kapitalistische Macht zu zahlen haben, die das junge Mädchen abschafft und an seine Stelle das Frau-Mädchen setzt.

Ich will meine Auffassung nur kurz umreißen: Die gegenwärtige weibliche Figur steht in zwei Hinsichten unter starkem Druck. Erstens will man die Frau zu einer Einheit machen. Der zweite Aspekt betrifft die Mutterschaft.

Der gegenwärtige Kapitalismus wünscht sich und wird bald schon offen einfordern, dass die Frauen das neue Eine annehmen, welches das alte Eine der symbolischen Macht, der legitimen und religiösen Macht des Namen-des-Vaters ersetzen soll. Dieses neue Eine ist der konsum- und konkurrenzgetriebene Individualismus. Die Söhne, das heißt die Männer, sind nur zu einer schwachen, unreifen, verspielten und gesetzlosen Variante dieses Individualismus fähig, die oft genug ins Gaunerhafte zurückfällt. Von dem Frau-Mädchen hingegen wird erwartet, dass es den konkurrenz- und konsumgetriebenen Individualismus in seiner harten, reifen, ernsthaften, rechtskonformen, bestrafenden Variante lebt. Deshalb gibt es einen bürgerlichen, einen dominanzgetriebenen Feminismus. Diesem Feminismus geht es gewiss nicht darum, eine andere Welt zu schaffen, sondern darum, die Welt, wie sie ist, der Macht der Frauen zu überantworten. Er fordert, dass Frauen Richterinnen, Generalinnen, Bankerinnen, CEOs, Abgeordnete, Ministerinnen und Präsidentinnen werden und dass für alle Frauen, die dies nicht werden können – also für fast alle Frauen –, die Norm der Gleichheit gilt und ihnen dieselbe gesellschaftliche Wertschätzung entgegengebracht wird wie den Männern. Diese Strömung sieht in den Frauen wenig mehr als eine Reservearmee des siegreichen Kapitalismus.

Die Frau soll sich nicht in dem Prozess engagieren, der etwas anderes als das Eine, der die Zwei oder das Passieren der Zwei erschafft. Vielmehr soll sie zum Modell des neuen Einen werden, zu demjenigen, der dynamisch und unverfroren jenem Wettbewerb auf dem Markt entgegentritt, dem er dient und den er zugleich manipuliert. Die gegenwärtige Frau soll zum Inbegriff des neuen, auf den Ruinen des Namen-des-Vaters errichteten Einen werden.

Mit einem Mal würden drei der angestammten weiblichen Motive verschwinden: die gefährliche Verführung, die liebende Hingabe und die erhabene Mystik. Natürlich ist die Eins-Frau noch immer verführerisch, denn Verführung ist eine der wichtigsten Waffen im Konkurrenzkampf. Bankerinnen und Präsidentinnen beispielsweise sind stolz, Frauen im verführerischen Sinne geblieben zu sein. Die Gefahr, die von dieser Verführung ausgeht, steht allerdings im Zeichen des Einen. Mitnichten ist sie dessen Verdopplung oder Herausforderung. Die Verführung stellt sich in den Dienst der Macht. Deshalb darf sie auch nicht mehr mit der liebenden Selbstaufgabe einhergehen. Das wäre Schwäche und Entfremdung. Die Eins-Frau ist eine freie, eine Powerfrau. Wenn sie eine Beziehung eingeht, dann nur auf Grundlage einer Abmachung, welche die geteilten Vorteile sichert. Die Liebe wird zu einer existenziellen Form des Vertrags, zu einem Geschäft unter anderen. Mit dem Mystisch-Erhabenen kann die Eins-Frau nichts mehr anfangen. Sie bevorzugt die Manipulation der realen Institutionen.

Die Grundidee besteht darin, dass Frauen nicht nur alles können, was Männer können, sondern dass sie all dies noch viel besser können. Realistischer, unbeugsamer, verbissener werden sie sein. Warum? Weil aus den Mädchen bloß die Frauen zu werden brauchen, die sie längst sind, während die Söhne noch immer darüber rätseln, wie sie zu den Männer werden könnten, die sie nicht sind. Deswegen ist das Eine des Individualismus bei den Frauen kräftiger ausgeprägt als bei den Männern.

Wenn wir ein wenig Science-Fiction betreiben wollen, dann können wir uns sogar vorstellen, dass das männliche Geschlecht ganz verschwindet. Man bräuchte nur das Sperma von ein paar Millionen Männern einzufrieren und hätte sich damit Milliarden genetische Kombinationen gesichert. Reproduktion geschähe durch künstliche Befruchtung. Die Männer könnten allesamt ausgerottet werden. Die Menschheit bestünde nur noch aus Frauen, die alles aufs Beste erledigen würden – fleißige Arbeiterinnen wie bei den Bienen und den Ameisen –, während die symbolische Ordnung gerade so dimensioniert bliebe, wie es die reale Situation des Kapitals erfordert.

Der Kapitalismus verlangt, dass unser Leben aus Arbeit, Bedürfnissen und Befriedigungen besteht. Ein tierisches Leben im Grunde. Und es ist erwiesen, dass für ein tierisches Leben vor allem Weibchen gebraucht werden. Die Männchen braucht man nur zur Reproduktion. Die Menschheit beherrscht die künstliche Reproduktion aber perfekt, sie benötigt dafür weder Kopulation noch Männchen. Daher ist das Verschwinden des männlichen Geschlechts zum ersten Mal in der Geschichte der Menschheit eine reale Möglichkeit.

Diese Aussicht, so fiktional sie auch scheinen mag, belegt, dass die wichtigste aller heutigen Fragen die nach der Modalität und der symbolischen Ordnung der menschlichen Reproduktion ist. Das ist das zweite Problem der heutigen Weiblichkeit. Oben sagte ich, dass die Figuren der Verführerin, der Liebenden und der Heiligen zu verschwinden drohen. Gilt das auch für die Figur der Hausfrau? Das Problem ist, dass Frauen zu all dem fähig sind, was Männer können, dass die Umkehrung dieses Satzes bisher aber nicht gilt. Eines können die Männer nämlich noch nicht: Kinder zur Welt bringen. In dieser Hinsicht bleibt die Frau an das Haus gebunden, zwar nicht unbedingt an das Haus eines Mannes, aber an das Haus der Menschheit. Würden die Frauen sich wie die Männer, im Gegensatz zu diesen aber aus Gründen der persönlichen Befindlichkeit, als reproduktions- und mutterschaftsunfähig erklären – die Menschheit ginge schnurstracks auf ihr Ende zu. In diesem Sinn bleibt sogar die kapitalistische Eins-Frau von heute eine Hausfrau, gebunden an das Haus der Menschheit.

Deshalb drehen sich so viele gegenwärtige Diskussionen um diese Motive: Mutterschaft, Reproduktion. Wie viele der sogenannten »gesellschaftlichen« Themen, mit denen man uns die Ohren vollstopft, gehen auf sie zurück! Abtreibung, Kindsmord, Elternpflichten, sexuelles Einvernehmen, gleichgeschlechtliche Ehe, Leihmütter … Aus ebendiesem Grund ist der bürgerliche Feminismus gegenüber der Mutterschaft, diesem letzten Refugium der alten, häuslichen Frauenfigur, eher feindlich eingestellt. Man sieht das etwa an den Schriften der Philosophin Élisabeth Badinter, in denen sie uns dazu aufruft, mit dem »Mutterinstinkt« Schluss zu machen und Frauen auch dann als vollwertige Menschen anzusehen, wenn sie keine Kinder haben und auch keine wollen. Diese Position steht im Einklang mit jener des gegenwärtigen Frau-Mädchens. Wenn jedes Mädchen schon immer Frau ist, gilt im Gegenteil natürlich auch, dass jede Frau für immer Mädchen bleiben kann, ganz ohne ein Verlangen nach Mutterschaft. Die Forderung, dass es diese Möglichkeit geben soll, ist vollkommen legitim. Man muss allerdings auch einsehen, dass sie nicht zur allgemeinen Regel werden kann. Das Problem mit den Regeln ist nämlich, dass man, wenn man sie aufstellt, stets die Folgen ihrer Universalisierung bedenken muss, wie Kant uns gelehrt hat. Die Universalisierung der Mutterschaftsverweigerung würde nichts anderes als das Ende der Menschheit bedeuten. Diese Aussicht ist dermaßen negativ, dass letztlich doch allen lieber ist, dass die Frau die Hausfrau der Menschheit bleibt. Dadurch wird das Eine des kapitalistischen Weiblichen aufs Neue in Richtung einer schöpferischen Zweiheit gespalten. Daraus ergibt sich ein äußerst schwieriges subjektives Problem.

An diesem Punkt bin ich versucht zu sagen: Sollen die gegenwärtigen kapitalistischen Gesellschaften mit ihren selbstgemachten Problemen doch bitte alleine fertigwerden. Ich denke, auch wenn diese Auffassung noch eine vorläufige ist, wir täten gut daran, das Ende der traditionellen Figuren anzunehmen und zugleich die Figur der Eins-Frau als Reservesoldatin des Kapitals zurückzuweisen. Die Frauen werden aus dem imaginären und symbolischen Kreis der Hausfrau, Heiligen, Verführerin oder Liebenden heraustreten. Tatsächlich ist es sogar schon eine große Anzahl von ihnen. Aber viele wollen sich nicht mit der negativen Freiheit und widersprüchlichen Bestimmtheit der kapitalistischen Eins-Frau abspeisen lassen. Sie wissen, dass diese neue Frauenfigur die Ressource der Zwei neutralisiert und eine Einheit der abstrakten Unterwerfung an ihre Stelle setzt. Sie wissen, dass die Mutterschaft heute, nachdem man sie den starken Symbolisierungen entrissen hat, als unhintergehbare Häuslichkeit und ruhmloses Schaffen fortbesteht. Sie haben verstanden, dass ein Verschwinden der Männer, wenn auch nur als ferne Möglichkeit, sie für immer zu Sklavinnen ihrer selbst machen und ihre eigene latente Brutalität freisetzen würde. Unabhängig von ihrem Geschlecht sollten Frauen und Männer heute darin übereinstimmen, dass die Frage der Frau, solange sie besteht, nicht allein an den Ansprüchen der kapitalistischen Gesellschaften ausgerichtet werden kann. Für ihre Beantwortung muss man einen ganz und gar exzentrischen Ausgangspunkt wählen.

Deshalb ist es heute auch zum ersten Mal ganz und gar unmöglich geworden, dass Weibliche, im Moment seiner Klarwerdung, von der philosophischen Geste auszuschließen. Der neue Ausgangspunkt kann weder ein biologischer noch ein gesellschaftlicher noch ein rechtlicher sein. Er muss eine denkerische Geste sein, die mit einer symbolischen Schöpfung einhergeht. Eine Geste, die mit dem Abenteuer der Philosophie verbunden ist. Sie wird umso neuartiger sein, als die Mutterschaft durch die weibliche symbolische Schöpfung in eine Dimension gehüllt werden wird, die sich von der bloß reproduktiven Animalität unterscheidet.

Nehmen wir einmal an, die Ordnung der symbolischen Schöpfung oder einfach die Ordnung des Gesetzes sei nicht länger abhängig vom Namen-des-Vaters. Was man dann erhält, ist ein Denken von Wahrheiten, das sich von jeder Transzendenz gelöst hat. Dann wäre Gott wirklich tot. Und weil Gott tot wäre, könnte das absolute Eine der männlichen Geschlossenheit nicht mehr über die Organisation des symbolischen und philosophischen Denkens bestimmen. Eine Sexuierung dieses Denkens wäre unumgänglich. Wie wird sich diese Sexuierung in den realen Bereichen der gottbefreiten Wahrheiten, die von keinem Vater mehr garantiert werden, vollziehen? Das sind die Fragen, von denen man ausgehen muss. Was ist eine Frau, die sich für eine Politik der Emanzipation engagiert? Was ist eine Künstlerin, Musikerin, Malerin oder Dichterin? Was ist eine geniale Mathematikerin oder Physikerin? Was ist eine Frau, die nicht mehr dunkle Gottheit oder leidenschaftliche Liebende ist, sondern mitverantwortlich für das Denken und Handeln? Was ist eine Philosophin? Und was sind umgekehrt die erfundene Politik, die Dichtung, die Musik, das Kino, die Mathematik oder die Liebe, was ist die Philosophie, wenn in ihnen das Wort »Frau« als Echo einer schöpfenden Macht erklingt, die von der Gleichheit der Symbole ausgeht?

Antworten auf alle diese Fragen sind in Arbeit, weil Frauen an ihnen arbeiten und dabei ein neues Zwischen-Zwei erfinden: weder Tradition noch Unterwerfung unter die Gegenwart. Die Frauen werden dieses Zwischen-Zwei passieren und dadurch das Eine ausspielen, das zu sein man ihnen vorschlägt. Wir haben es hier mit einer ganz eigenartigen Spannung zu tun. Weniger vor den Männern als vor der vermeintlichen Befreiung, die ihnen das Kapital verspricht, müssen die Frauen sich heute in Acht nehmen. Was genau die Frauen in ihrer Passage erfinden werden, weiß ich nicht. Aber sie haben mein vollstes Vertrauen. Ohne genau zu wissen, warum, bin ich mir sicher, dass sie eine neue Art des Mädchenseins erfinden werden. Das neue Mädchen wird zu einer neuen Frau werden, die es als Mädchen nicht immer schon gewesen ist – zu einer Frau, die mit ihrem ganzen Wesen an der symbolischen Schöpfung teilhat und auch ihre Mutterschaft in diese Schöpfung integriert, wodurch sie die Männer dazu bestimmt, sich an allen Folgen der nunmehr universal symbolisierten Reproduktion vollgültig zu beteiligen. Mutterschaft und Sorge um die Kinder werden von da an ganz von alleine und für immer aufhören, eine häusliche Angelegenheit zu sein. Männer und Frauen werden eine neue universale Symbolisierung der Geburt und all dessen gefunden haben, das auf diese folgt. Dieses noch unbekannte, aber bereits im Entstehen begriffene Mädchen wird sagen, sagt es bestimmt schon, irgendwo, unter dem ganz und gar gottbefreiten Himmel:

Schöner Himmel, wahrer Himmel, schau, wie ich mich ändere.